铁道供电远动系统运行与维护

徐百钏　边文明　等　编著

西南交通大学出版社

·成　都·

图书在版编目（CIP）数据

铁道供电远动系统运行与维护／徐百钏等编著. —
成都：西南交通大学出版社，2019.1（2023.9重印）
ISBN 978-7-5643-6741-1

Ⅰ. ①铁… Ⅱ. ①徐… Ⅲ. ①电气化铁道 – 供电系统
– 远动化系统 – 电力系统运行 – 高等职业教育 – 教材②电
气化铁道 – 供电系统 – 远动化系统 – 维修 – 高等职业教育
– 教材 Ⅳ. ①U223.6

中国版本图书馆 CIP 数据核字（2019）第 018358 号

铁道供电远动系统运行与维护

徐百钏　边文明　等／编著

责任编辑／李　伟
封面设计／墨创文化

西南交通大学出版社出版发行

（四川省成都市二环路北一段 111 号西南交通大学创新大厦 21 楼　610031）
发行部电话：028-87600564　028-87600533
网址：http://www.xnjdcbs.com
印刷：成都中永印务有限责任公司

成品尺寸　185 mm×260 mm
印张　14.25　字数　354 千
版次　2019 年 1 月第 1 版　印次　2023 年 9 月第 3 次

书号　ISBN 978-7-5643-6741-1
定价　36.00 元

前　言

近 20 年来，计算机技术、网络技术和通信技术的不断发展，促使远动技术得到了迅猛发展；技术不断更新，现场设备也不断更新，远动技术由原来的单一遥控、遥测、遥信、遥调发展成为现在的综合自动化技术。

作者在教学过程中发现现有的教材仅适用于本科生的教学。对于职业院校的学生来说，走向工作岗位最主要的是进行设备的维护和故障的处理。设备维护和故障处理离不开对设备原理、硬件电路的掌握。本书的重点就放在了设备原理、硬件电路和应用三个方面。本书共分为五个部分，第一个部分绪论，对远动技术进行了初步介绍；第二部分远动系统的认知，由浅入深地介绍了远动系统的结构和发展；第三部分远动系统原理，对远动技术的原理进行深入介绍；第四部分远动系统结构，在原理的基础上介绍了远动系统的硬件电路；第五部分远动系统应用，介绍了远动设备维护和故障处理方法，并结合学校现有设备开展实训练习。

本书第一部分由南京铁道职业技术学院徐百钏编写；第二部分由郑州铁路职业技术学院申超楠编写；第三部分项目一、三、四、六、七、八和九由南京铁道职业技术学院徐百钏编写，项目二由南京铁道职业技术学院徐媛媛编写，项目五由郑州铁路职业技术学院申超楠编写；第四部分项目一由南京铁道职业技术学院陈莉、童岩峰共同编写，项目二和项目三由南京铁道职业技术学院徐百钏编写，项目四由南京铁道职业技术学院徐媛媛编写；第五部分项目一由南京铁道职业技术学院徐百钏编写，项目二和项目三由郑州铁路职业技术学院申超楠编写，项目四由南京铁道职业技术学院徐百钏和中铁二十四局集团上海电务电化有限公司边文明共同编写。西安铁路职业技术学院张刚毅对本书进行了审核。

在本书编写过程中，中国铁路上海局集团有限公司、国网四川省电力公司技能培训中心、郑州铁路职业技术学院、南京铁道职业技术学院的各位同仁给予了大力支持，在此表示衷心感谢。

由于作者水平有限，书中疏漏和不妥之处在所难免，诚恳欢迎读者提出宝贵意见。

作　者
2018 年 11 月

目　录

第一部分　绪　论

　　铁路供电系统包括铁路牵引供电系统和铁路电力配电系统。铁路供电系统是一个地域上沿铁道分布而在电气上又相互关联的大系统。为了保证系统的正常工作，铁路供电系统需设有电力调度所，统一指挥供电系统在各种情况下的运行工作，并集中管理沿铁路线分布的众多牵引变电所、分区亭和开闭所中的电力设备以及沿线接触网设备。

　　为了保证供电系统运行的可靠性和经济性，调度所必须及时掌握系统的实际运行情况。所以，从调度工作出发，一方面调度所需要收集信息，要求变电所将断路器的位置信号、事故信号及主要运行参数等迅速、正确、可靠地反映给调度所；另一方面，调度所切实了解到系统的运行情况并进行判断处理后，应对变电所（包括分区亭、开闭所等）下达命令，去直接操作某些设备或调整某些参量，或去完成实时控制的任务。为了完成变电所与调度所之间远距离信息的实时自动传输，必须应用远动技术，采用远动装置来实现。

一、远动介绍

　　远动，英文名为 telecontrol，是指利用远程通信技术进行信息传输，实现对远方运行设备的监视和控制。

　　远动技术是对分散相距较远的生产单位及生产设备，为完成同一生产任务，服从同一调度所指挥，收集信息，实现生产过程的监视与控制而产生的一门技术。远动技术是一门综合性的应用技术，它的基本原理包括数据传输原理、编码理论、信息转换技术原理、计算机原理等。远动技术是调度管理与现代科技的产物，因此它随着科学技术，特别是计算机技术的迅猛发展不断更新换代。

　　远动技术的主要任务分为两大类：集中监视和集中控制。

　　集中监视：正常状态下，实现系统的合理运行方式；故障状态下，及时了解事故发生的原因和范围，加快事故处理。

　　集中控制：调度人员可以借助远动装置对设备进行遥控或遥调，可提高运行操作质量，改善运行人员的劳动条件，提高劳动生产率。

二、远动功能

　　简单地说，远动技术即是调度所与各被控段（包括变电所等）之间实现遥控、遥测、遥信、遥调和遥视功能的总称。

（1）遥测（YC）：即远程测量，应用远程通信技术传输被测变量的值。

（2）遥信（YX）：即远程指示、远程信号，应用远程通信技术完成对设备状态信息的监视。

（3）遥控（YK）：即远程命令，应用远程通信技术使设备的运行状态产生变化。

（4）遥调（YT）：即远程调节，对具有两个以上状态的运行设备进行控制的远程命令。

（5）遥视（YS）：即远程视频，应用远程通信技术进行远方图像监视。

三、远动信息

远动信息包含遥测信息、遥信信息、遥控信息、遥调信息和遥视信息。

1. 遥测信息

遥测信息为被控端的运行参数。如牵引变电所内的进线电压、进线电流、主变功率、27.5 kV 母线电压、主变压器一次侧有功功率、无功电能、馈线电流、馈线故障点参数；分区所接触网末端电压和馈线电流；AT 所馈线电流；变配电所内的进线电压、进线电流、有功功率、有功电能、无功电能、功率因数、各段母线电压、各馈线回路电流、有功功率、有功电能、调压器电流；箱式变电站各段母线电压、各开关回路三相电流。

2. 遥信信息

遥信信息为被控端设备状态信号。如牵引变电所中央信号（包括事故总信号、预告总信号、自动装置动作、控制回路断线、控制方式、交流回路故障、直流电源故障、压互回路断线等）、遥控对象位置信号、进线有压/失压、自投投入/撤除信号、牵引变压器的各类故障信号（含保护动作信号）、电容器的各类故障信号（含保护动作信号）、馈线的各类故障信号（含保护动作信号）、各开关操作机构的工作状态信号、被控站设备、远动通道运行状态、所内环境及安全报警信号、接触网开关各操作机构的工作状态和通道运行状态等。

遥信信息所涉及的对象只有两种状态，目前远动设备的遥信编码一般以数据字节的一位反映一个开关接点的状态。但是国际电工委员会（IEC）TC-57 专委会的标准规定，一般断路器等设备的开合状态，应以两位来反映一个开关接点的状态，即以 01、10 来反映，而 00、11 为错误状态，只有事故告警信号才用一位数据位来反映一个信号的状态。

3. 遥控信息

遥控信息是从调度端发出命令实现远方操作和切换。这种命令只取有限个离散值，通常只取两种状态指令，如命令开关的"分""合"指令。遥控的对象与内容有牵引变电所内 27.5 kV 及以上断路器、电动隔离开关、重合闸投切、自动装置投切、远方复归；接触网电动隔离开关；变配电所 10 kV 高压开关、有载调压器、400 V 低压开关等。

由于遥控涉及电气设备动作，所以要求遥控动作准确无误，一般采用"选择—返送校验

—执行"的过程。在调度员发送命令时，应该先校核该被控制站和被控制的设备在正常运行状态，系统或变电所没有发生事故和警报，所发出的命令符合被控设备的状态，在主站端校验正确后，方能向被控端发送命令。命令被送到被控端以后，须经过差错控制的校核，确认命令没有受到干扰。被控端收到命令后，应先检查输出执行电路没有接点处于闭合状态，然后将正确接收的命令输出，同时将输出命令的状态反编码送到主站端；主站端将接收到的返送校核码与原命令码进行比较。在返送校核无误后，将结果显示给调度人员，并向被控端发送执行命令。此时，执行命令会将输出执行电路的电源合上，驱动执行电路，使操作对象动作。被控制的对象动作后，还要检查有关电路是否有接点粘上，并将动作结果告知主站，经过一定时间将电路电源自动切除。只有这样严格的技术措施，才能保证遥控的正确无误。对于铁道供电系统，遥控的技术指标是执行的正确动作率为100%。

4. 遥调信息

遥调信息是调度所发出对被控端某些设备的工作状态和参数进行调整的命令。

遥调命令有两种形式：① 设定值形式。由主站端向远方站发送控制被控对象的一个数值，远方站接收后或者以数字形式直接输出，或者经数/模转换器将数字量转换成被控对象所需要的模拟量形式输出。② 升降命令形式。将主站端发送过来的升/降调节命令，转换成升/降的步进信号，用以调节变压器的分接头的位置。

5. 遥视信息

调度端直接对被控站设备进行远程监视控制，变电所的遥视涉及以下场所和设备：变电所内场区环境，主变压器外观及中性点接地开关，变电所的户外断路器、隔离开关以及接地开关等，变电所内的各主要设备间。变电所监控适用于在无人值守的环境中，由调度中心进行远程监控、管理和维护；电子地图功能可按用户的要求安排摄像机、报警源、地图链接；双击摄像机图标可转到相应的画面，报警时自动转到联动的摄像机画面，实现移动监视；同时，外接开关量报警，实现报警上传、联动机制等；报警后可以联动录像、摄像机预置位、现场声、光报警设备，并上报调度端。

【思考题】

1. 名词解释：
   远动、远动技术、遥信、遥测、遥控、遥调、遥视
2. 远动系统的任务和功能有哪些？
3. 如何保证遥控执行的正确动作率为100%？
4. 遥测信息有哪些？
5. 遥信信息有哪些？

第二部分　远动系统的认知

本部分主要介绍远动系统的基本组成及其分类，远动系统的基本性能指标及其要求，远动系统的发展及其应用，电气化铁道远动系统的基本特点。通过本部分的学习，应该了解与掌握以上知识内容。

项目一　远动系统的基本构成

远动系统是指对远离调度端的被控端进行监视和控制的系统，它包括信息的采集、处理、传输、显示和执行等过程中的全部设备和功能。构成远动系统的设备包括调度端远动装置、远动信道和厂站端远动装置。图 2-1-1 为简单远动系统示意图。

图 2-1-1　简单远动系统示意图

按习惯称呼的调度中心和厂站，在远动术语中称为主站和子站。主站也称为调度端，它是对子站实现远程控制的站节。子站也称被控端，它是受主站监视或控制的站。

一、调度端（或主站）

微机远动系统人机界面部分的主要调度操作都在调度端实现。调度端是远动系统遥控、遥调指令信息的产生部分，调度端按规约编码出遥控信息字和遥调信息字，向被控端进行传送；调度端也是被控端设备对象遥测、遥信信息的接收部分，它接收被控端送来的实时远动信息，经过译码后计算出被测量的实际大小值和被监控对象的实际状态，显示在调度室的显示屏（CRT）上和调度模拟屏上。

调度端的主要任务就是对被控端送来的信息进行加工、处理（如有功功率、无功功率、电能量等），并根据需要进行各种报表、记录的打印、存储、显示，对事故信号进行报警，以及操作员通过人机接口向各被控对象发出操作命令等。

电气化铁道牵引供电远动系统调度端安装在中心城市的调度控制中心。例如，郑州铁路局所管辖范围内的京广铁路线、陇海铁路线以及新荷线电气化铁道牵引供电远动系统的调度端就安装在郑州调度控制中心。在远动系统中，为配合调度端工作，调度控制中心还配备有模拟屏、打印机、工程师终端、显示设备（VDU，含键盘、鼠标器等人机接口）、通信处理器以及不间断电源（UPS）等设备。

二、被控端（或子站）

执行端是远动系统遥控、遥调指令信息的接收与执行部分，它接收调度端送来的遥控信息字和遥调信息字，经译码后还原，为调节执行机构回路输出控制信号。输出信号常为可调直流电压、可调脉冲或可调脉冲宽度三种形式中的任一种。执行端也是被控端设备对象遥测、遥信信息的采集与发送部分，它接收现场送来的模拟量、脉冲量和开关量，并将上述信息经过转换后的各种数字信息按规约编码成信息字，向调度端传送。

电气化铁道远动系统执行端安装在被控对象的所在地，其主要功能是采集牵引变电所内各开关量的状态、电气量的参数并及时上送调度端，同时执行控制端发来的各种操作命令等。执行端为完善远动系统的功能，一般还具备被控设备对象发生事件的顺序记录、自恢复和自检测功能等。

三、通信信道

远动系统中信道的主要功能是承担控制端与被控端之间的信息数据、命令的传输。通常把从控制端向被控端发送的数据称为"下行"数据；反之，从被控端向控制端发送的数据称为"上行"数据。

远动技术引入计算机技术之后，安装在主站和子站的远动装置分别被称为前置机和远动终端装置（RTU）。

前置机是缓冲和处理输入或输出数据的处理机。它接收 RTU 送来的实时远动信息，经译码后还原出被测量的实际大小值和被监视对象的实际状态，以恢复基带信号，获得发送侧的二进制数字序列，显示在调度室的显示屏上和调度模拟屏上，也可以按要求打印输出，这些信息还要向主计算机传送。另外，调度员通过键盘或鼠标操作，可以向前置机输入遥控命令和遥调命令，前置机按规约组装出遥控信息字和遥调信息字向 RTU 传送。

子站的远动装置（RTU）采集被控端的各种信息源，如电压 U、电流 I、有功功率 P、频率 f、电能脉冲量等，另外还有各种指令、开关信号等各种数字信息按规约编码成遥测信息字和遥信信息字，向前置机传送。RTU 还可以接收前置机送来的遥控信息字和遥调信息字，经译码后还原出遥控对象号和控制状态、遥调信息号和设定值，经返送校核正确后（对遥控）输出执行。

前置机和 RTU 在接收对方信息时，必须保证与对方同步工作，因此收发信息双方都有同步措施。

远动系统中的前置机和 RTU 是 1：N 的配置方式，即主站的一套前置机要监视和控制 N 个子站的 N 台 RTU，因此前置机必须有通信控制功能。为了减少前置机的软件开销，简化数据处理程序，RTU 统一按照远动规约设计。同时，为了保证远动系统工作的可靠性，前置机应设为双机配置。

电力系统调度的远程监控基本结构框图如图 2-1-2 所示。图中，调度端和各被控端由通信线路连接起来。

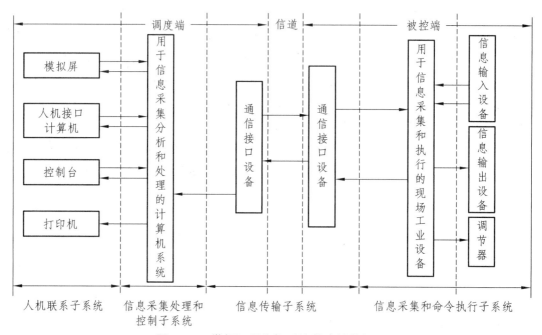

图 2-1-2　微机远程监控系统基本结构框图

由图可知，微机远程监控系统按功能可划分成 4 个子系统。

1. 信息采集和命令执行子系统

监控系统厂站端通过信息输入设备将测量量、状态量等采集处理后，经信息传输子系统发往调度端，并接收调度端发来的命令做出响应，通过命令输出执行设备，执行遥控、遥调等命令。

2. 信息传输子系统

调度端与厂站端通常相距较远，采用通信技术，由通信机和信道组成的信息传输子系统实现两端的信息交换。

3. 信息采集处理和控制子系统

调度端采集各个厂站端送来的信息，经处理加工后通过人机联系子系统告知工作人员，并接收工作人员的命令；也可与上级调度交换信息，或给厂站下达命令，进行调节、控制。

4. 人机联系子系统

监控系统通过人机联系子系统为运行人员提供完整的电力系统实时运行状态信息。人机联系的手段有调度模拟屏、屏幕显示器、打印机等。运行人员通过操作键盘可以对整个系统的运行进行管理，向厂站下达遥控、遥调等命令。

从结构上讲，微机远动系统与一般自动化系统之间最大的区别就在于信道的存在。远动系统由于调度端与执行端之间的距离较远，信道存在易受外来干扰的弱点，降低了命令的准确性和整个系统的可靠性。当所需传送的命令越多、系统越复杂时，信道的结构也就越复杂，这个弱点也就越突出，并且信道的成本也越高。因此，需要有一系列的措施来保证系统的正常、可靠和经济运行。一般情况下，远动系统中会采取将被传达的命令转换成适合于在信道中传送的最好信息形式进行传输，如模拟信号数字化技术、纠错编码技术、数字加密技术、基带传输技术、同步技术等。这种形式往往与一般自动化系统中命令的形式有很大区别，因此在远动系统中就需要一些特殊的转换设备来转换命令。例如，设在调度中心的控制端要将遥控、遥调命令送到被控端去执行时，要将遥控或遥调命令经抗干扰编码编成数字信号，以防止信号在传输过程中会受到各种干扰而发生差错，提高传输的可靠性。此外，除光纤数据传输，如果利用电话线路作为信号传输的通道时，由于数字脉冲信号易受线路的电感、电容的影响而使脉冲信号产生很大的衰减和变形，所以要用通信设备部分的调制器把数字脉冲信号变成适合于传输的信号，如变成正弦信号传输。相应地，要求在执行端通信设备中用解调器把正弦信号还原成原来的数字信号，再经抗干扰译码进行检错，检查出错误的码组就拒绝执行，正确时则遥控、遥调译码后分别执行。

在电气化铁道供电远动系统中，由于系统分布距离远而使通信部分的投资费用增大，而控制端调度中心和牵引变电所等被控端之间需要传送的信息又较多，为了使同一信道传送更多的信息，充分发挥信道的作用，就需要在信息传输中采用信道多次复用的办法。目前，传送信号有按频率和时间划分的两种制式，简称频分制和时分制。在频分制中，各种远动信号是用不同频率的信号来传送的，如用频率 f_1、f_2、$\cdots$、f_n 分别代表 n 种不同的信号，这些不同频率的信号可以在同一信道中同时传送，并为了使传送的各种远动信号互不干扰，在发送端和接收端都设有通带频率滤波器。在时分制中，待传的远动信号是按规定的时间先后顺序，依次在信道中逐个传送，如有几个断路器位置状态信号需要传送，可以先送第一个断路器位置状态信号，再依次送第二个、第三个等。

项目二　远动系统的分类

远动系统在整体归类上一般按照不同的信息传送方式、不同的工作方式、控制对象的不同分布形式、具有的不同功能等方面进行分类。

一、按照远动系统中信息的传送方式不同分类

在远动系统中，各种信息、命令从一端传送到另一端去控制执行、显示或记录。目前，远动技术的信息传送方式分为两大类：循环传送方式和查询传送方式。

（1）循环传送方式是以被控端的远动装置为主，被控端将要发送的远动信息按规约的规定组成各种帧，再编排帧的顺序，循环向调度端传送。信息的传送是周期性的、周而复始的，发送端不顾及接收端的需要，也不要求接收端给予回答。这种传输模式对信道质量的要求较低，丢失任何一个被干扰的信息可在下一循环中得到它的正确值。

（2）查询传送方式是以调度端为主，若调度端要得到被控端的监视信息，必须由调度端主动向被控端发送查询命令报文。查询命令要求一个或多个厂站传输信息的命令口查询命令不同，报文中的类型标志取不同值，报文的字节数一般也不一样。被控端按调度端的查询要求发送回答报文，用这种方式，可以做到调度端询问什么，厂站端就回答什么，即按需传送。由于它是有问才答，要保证调度端发问后能收到正确的回答，对信道质量的要求较高，且必须保证有上下行信道。

二、按照远动系统的工作方式不同分类

远动装置按照其工作方式的不同一般可以分为三类：

1. 1：1 工作方式远动系统

1：1 工作方式是指在被控端装一台远动装置，在调度端也对应地装一台远动装置。

2. 1：N 工作方式远动系统

1：N 工作方式是指调度端一台远动装置对应着各被控端的 N 台远动装置。

3. M：N 工作方式远动系统

M：N 工作方式是指调度端 M 台远动装置对应着被控站 N 台装置。

三、按照远动系统所采用的信道不同分类

1. 按信道的性质分类

远动系统按照传送信号的信道是利用有线信道还是无线信道，可分为有线远动系统和无线远动系统。无线远动系统多应用于航空航天、军事等领域，而在工业、运输、电力等领域更广泛使用的是有线远动系统。

2. 按信道的数量分类

远动系统可以按照信道数目是随着控制对象数目而变化还是与被控对象数目的多少无关来分类，一般可分为少信道远动系统和多信道远动系统。

四、按照远动系统所控制的对象的分布不同分类

远动系统可以根据被控对象是分散还是集中、是固定还是移动、是链式分布还是以控制端为中心向四周辐射式分布，分别分为分散型远动系统和集中型远动系统，固定目标远动系统和移动目标远动系统，链式远动系统和辐射式远动系统等。

五、按照远动系统所采用的元件、功能不同分类

远动系统可以根据装置采用的元件是有接点还是无接点分为有接点远动系统和无接点远动系统；远动系统按照远动功能是用硬件实现还是靠软件实现，可分为布线逻辑式远动系统和软件化远动系统；远动系统还可以按照是否有一个远程自动调节系统，而分为开式远动系统和闭式远动系统等。

六、按照远动系统的配置模式分类

远动系统配置指的是主站与若干子站以及连接这些站的传输链路的组合体。常见配置类型如图 2-2-1 所示。

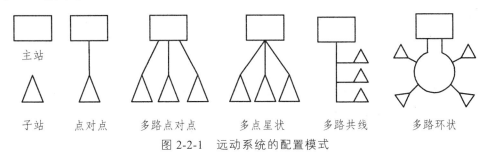

图 2-2-1 远动系统的配置模式

项目三 远动系统的技术要求与性能指标

远动系统在日常社会生产、军事、航空航天领域中的应用已经成为日常工作的关键性要

素，其系统运行的性能指标的优劣直接影响到系统应用的成效。评估供电远动系统的主要性能指标如表 2-3-1 所示。对不同领域应用的远动系统来讲，其性能指标会有所不同，有一定的差异性，但一般来说，任何一种远动系统在设计、选型时，为保证系统具备良好的工作可靠性，应该考虑如下几方面的技术要求。

表 2-3-1　供电远动系统的主要性能指标

序号	项目名称	技术指标
1	遥信变位传输时间	≤3 s
2	重要遥测量更新时间	≤3 s
3	遥控命令传输时间	≤3 s
4	遥调命令传输时间	≤3 s
5	调用画面响应时间（实时数据）	≤3 s
6	调用画面响应时间（历史数据）	≤5 s
7	遥控正确率	≥99.99%
8	遥信正确率	≥99.9%
9	遥测综合误差	≤±1.5%
10	调度端主服务器双机切换时间	≤30 s
11	调度端网络通信速率	10/100/1 000 Mb/s
12	通信传输速率	2 400 b/s、64 kb/s、2 Mb/s、10 Mb/s
13	站间事件顺序记录的时间分辨率	≤20 ms
14	供电系统正常情况下 SCADA 主要节点 CPU 负荷	≤30%（1 min 平均值）
15	供电系统事故情况下 SCADA 主要节点 CPU 负荷	≤70%（10 s 平均值）

1. 可靠性

远动系统在信息传输过程中，会因为受到设备自身或外界干扰源的干扰而出现信息传输错误。信息传输过程中的这种不可靠性通常用信息的差错率来表示：

$$差错率 = \frac{信息出现差错的数量}{传输信息的总数量} \times 100\%$$

信息传输中的差错率包括误比特率、误码率和误字节率，且常用误码率表示。通常情况下，差错率要求在信噪比大于 15 dB 时，误码率小于 10^{-5}。

要保证远动系统设备的工作稳定性，就必须做到其硬件设备在技术要求所规定的工作条件下，能够保证实现其技术指标的能力。远动系统的工作稳定性直接与装置本身的可靠性有关，装置设备的一次误动或是失效，都有可能引起严重的后果，造成生命和财产的损失。

系统设备的可靠性是指一般用平均故障间隔时间，即两次偶然故障的平均间隔时间来表示，通常可以用"可用率"来表示：

$$系统可用率 = \frac{运行时间}{运行时间 + 停用时间} \times 100\%$$

要提高远动系统运行的系统"可用率"，就要注意保证做到：

（1）针对系统应用的不同领域，制定合理的设计方案。应尽可能简化设备硬件，模块电路力求简单，并充分利用好软件的功能，提高系统运行的综合性能。

（2）远动装置由许许多多的组件所构成，包括通信设备、计算机设备、检测电路模块等，只有选用高质量的硬件产品，提高产品的加工技术水平，才能保证远动装置设备自身的产品质量。

（3）远动装置的工程安装与调试质量也影响到设备运行工作的可靠性，要注重加强对远动系统设备安装施工过程的质量管理与控制，提高工程质量。

（4）远动系统设备工作运行的温度、湿度和卫生环境条件必须得到满足，并为其提供可靠的工作电源。

（5）要定期对系统设备进行巡视、维护与检修，保证预防设备故障的出现。

目前，我国自行设计生产的远动装置一般平均故障间隔时间要求控制端达到 5 000 h 以上，被控端达到 8 000 h 以上。

2. 监控容量

通常把遥控、遥调、遥测和遥信等对象的数量，统称为供电远动系统的监控容量，也叫 I/O 点数。供电远动系统的监控容量要满足实际用户的远动化要求。此外，遥控、遥调、遥测和遥信的容量也要有一定程度的裕度。

3. 实时性

远动装置的容量是指遥控、遥测、遥信及遥调功能所实现的对象数量。远动装置在设计初期就必须了解实际用户对系统容量的要求。同时，应考虑遥控、遥测、遥信及遥调功能的可扩展性。随着计算机及网络技术的发展，远动装置除满足实现"四遥"功能外，还要根据社会生产的需求完成生产过程中的事件记录、数据处理、信息转发、安全监视等功能。

远动系统信息的"实时性"是提高生产效率、加速事故处理、及时了解被控对象运行工作状态等方面情况的关键，这也是对系统显而易见的要求。"实时性"常用"响应时间"来进行衡量，它是指从信息发送端事件信息发出到信息接收端正确地收到该事件信息的这一段时间间隔。例如，在电气化铁道供电系统的远动装置中，一般遥控、遥信信息的"响应时间"是一次平均传输时间 0.1 ~ 2 s，遥测信息的"响应时间"小于 3 s。

4. 抗干扰能力

远动装置在运行过程中所受到的干扰主要指电磁干扰，受到外界或自身设备干扰的因素很多，如雷电干扰、无线电波干扰、静电干扰、设备操作过程中的电磁干扰等。远动系统中最易受到干扰的部位是信道，而信道所受到的干扰主要是外界干扰源的干扰和在多路传输时信道间的路际干扰。信道在受到干扰后，所传输的信息就会发生错误。如图 2-3-1 所示，发送的信息 $f(t)$ 在通过通信信道的过程中，受到干扰信息 $n(t)$ 的侵扰，使正确传输的信息 $f(t)$ 变为错误信息 $f(t)+n(t)$，在遥信信息中，错误的信息无法显示正确的被控对象状态，错误的遥控信息会造成操作错误。

图 2-3-1　通信信息受干扰示意图

远动系统的抗干扰能力是指在有电磁干扰的情况下，远动系统仍能保证技术指标的能力。增加抗干扰的方法大致有两种：其一是在信道输入端适当变换信号的形式，使其不易受干扰的影响；其二是在接收端变换环节的结构上加以改善，使其具有消除干扰的滤波和补偿能力。

5. 兼容性

远动系统应具备较好的兼容性，选型设计时要考虑设备的规范化、系列化，要注重采用模块化结构，以便于硬件维护与检修。

远动系统的主要性能指标对同一系统往往并非同时能够满足，其中存在着矛盾，因此需要权衡利弊，予以选择。

项目四　远动系统的发展

一、远动系统的发展历程

远动技术的出现起于 19 世纪，人们在劳动生产过程中为远离危险物体，但又需要对危险物体实施操作，则可用遥控的方式点燃爆炸物等，这就是早期远动技术的例子。其后，远动技术的发展集中体现在 20 世纪。

自 20 世纪 30 年代开始，随着社会生产力的发展，远动技术被应用于电力、铁路运输、军事、矿山和化工生产过程中，这一时期的远动技术侧重于遥控、遥测技术的发展，用于实现对远程物体的控制和参数测量。

到 20 世纪 50 年代后，全球科学技术得到飞速发展，在这一时期，计算机及计算机网络技术、微电子技术、控制技术和通信技术得到迅速发展及应用，使远动技术得到革命性的改革与创新，出现了计算机远动技术。

从远动装置的技术装备角度看，远动系统前后经历了继电器、晶体管（分立元件）、集成电路和计算机远动系统 4 个阶段，相应的远动系统也被称为第一代、第二代、第三代和第四代远动系统。第一代、第二代、第三代远动系统统称为布线逻辑远动系统，第四代即为计算机远动系统。目前，广泛使用的电气化铁道远动系统均为计算机远动系统。

目前，电气化铁道远动技术的发展趋势集中在计算机高可用性技术的应用、基于 IEC61970 系列标准的数据结构和数据交换的应用、远动系统专用 Internet 网络的使用等方面，即电气化铁道远动技术迎来了网络化的时代。电气化铁道远动技术简单、可靠，并且充分利用了广域网技术，因此发展潜力巨大。

二、布线逻辑远动装置与计算机远动装置

在远动系统中，布线逻辑式远动系统的功能主要是依靠硬件设备来实现的，而计算机远动系统的功能主体是依靠软件来实现的，其功能实现示意图如图 2-4-1 所示。

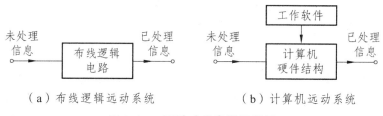

（a）布线逻辑远动系统　　　　（b）计算机远动系统

图 2-4-1　远动功能实现示意图

1. 布线逻辑式远动装置

布线逻辑式远动系统功能的实现是通过装置中逻辑电路的时序电路，由它控制具有远动功能的逻辑电路按一定的时序要求进行工作，将等待处理的遥信、遥测信息或要发送的遥控、遥调命令经各功能逻辑电路的处理变换为适合于显示的遥信、遥测信息和适合于发送的遥控、遥调指令。处理过程完全由逻辑电路来实现，所以，其投入运行的远动装置如果需要实现功能的变更，则必须更改逻辑电路设计，这也就限制了布线逻辑式远动系统功能应用的灵活性。在这一点上，计算机远动系统具有明显的优势。

2. 计算机远动装置

计算机远动系统功能的实现是基于硬件设备的基础上，应用软件系统引导并控制处理信息。当需要改变处理要求时，只需对软件程序进行修订。即使需要增加硬件，由于各部分电路是通过数据总线相互连接，扩展也很方便。因此，计算机远动装置更具有灵活性和可扩展性。目前，随着微型计算机技术的发展和普及，电气化铁道牵引供电远动装置广泛采用计算机远动装置。

从硬件设计上看，计算机远动系统的发展经历了芯片级设计、板级或模块级设计、系统级设计 3 个阶段。

芯片级设计是指用户根据系统功能实现的要求选用不同种类的微处理器芯片、存储器芯片和输入输出芯片等独立元件联成的系统;板级或模块级设计则是直接采用单板机或软硬件结合的多功能集成模块构成用户系统;系统级设计是直接使用具有完整的硬件和软件结构的微型机系统,适当配置一些接口电路,即可方便地构成一个满足用户要求的系统。显而易见,随着微型计算机生产技术的发展,微机远动装置硬件的设计越趋简单。

在计算机远动系统中,以微型计算机为工作主机构成的,以完成常规"四遥"功能为目标的监视控制和数据采集系统,简称为微机远动系统。其基本构成包括主计算机、人机对话设备、工程师终端、模拟屏、被控端 RTU 等,如图 2-4-2 所示。

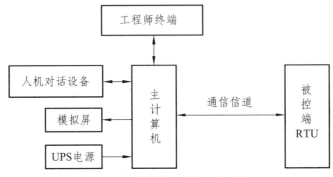

图 2-4-2　计算机远动系统示意图

(1)主计算机:微机远动装置的核心,其工作方式由软件进行控制,具有很强的功能适应性。其主要功能除完成远动系统的"四遥"功能外,还能进行许多运算处理工作,如对遥信信号进行变位判别、事件顺序记录、程序控制等;同时,还能进行信息的加工处理和转发,即调度端远动装置既能接收遥测、遥信信号,又能发送遥测、遥信信号,与传统的概念略有区别。这种转发功能是布线逻辑远动装置难以实现的。

除此之外,微机远动装置还可进行一些实时计算,如对多个牵引变电所的功率进行总和统计、输电线线损计算、误码率统计、各种图形报表的显示和打印等。

(2)人机对话设备:包括键盘、鼠标器、显示器、打印机等。工作人员通过这些设备实现对遥信、遥测等信息的浏览,发送遥控、遥调命令,编制打印各种不同的图形、报表等;同时,也可以通过复示终端提供操作人员的在线培训、防误操作以及辅助决策等功能。

(3)工程师终端:用于实现对远动系统的调试、诊断与功能修改等功能。通过工程师终端,可以完成对远动系统运行参数的校核与修订。

(4)模拟屏:在电气化铁道牵引供电远动系统中,模拟屏作为辅助设备,用于显示各个被控端牵引变电所电气设备运行状态的遥信信息和牵引供电系统运行参数(如电流、电压、功率等)的遥测信息。

(5)UPS 电源:用于为主计算机提供不间断工作电源。

(6)被控端 RTU:牵引供电远动系统中的 RTU 一般设在铁路沿线的各变电所、开闭所或分区亭内,它们与调度端主计算机之间的信息通过远动通道来传输。RTU 的主要功能则是采集变电所内各开关量的状态、电气量的参数并及时上送调度中心,同时执行控制中心发来的各种操作命令等。

项目五　综合自动化技术的发展

众所周知，一个变电所主要包括一次系统和二次系统两大部分。一次系统完成电能的传输、分配和电压变换工作，二次系统完成对一次设备及其流经电能的测量、监视、故障告警、控制、保护以及断路器闭锁等工作。此外，实现对变电站运行工况的测量、监视、控制、信息显示、信息远传的变电所远动系统已显示出越来越重要的作用。通常，也将变电所远动系统纳入二次系统的范畴中。

常规变电所的二次系统主要包括四个部分，即继电保护、故障录波、监控后台以及远动机部分。这四个部分不仅完成的功能各不相同，其设备所采用的硬件和技术也完全不同。长期以来，围绕着变电所二次系统，存在着不同的专业和相应的技术管理部门，本质上是用一个系统，但在技术和管理上却条块分割，已越来越不适应变电技术发展的要求。其主要缺点是：第一，继电保护、故障录波、监控后台和远动机的硬件设备基本上按各自的功能配置，彼此之间相关性小，设备之间互不兼容；第二，二次系统的硬件设备型号多、类别杂，很难达到标准化；第三，大量电缆及端子排的使用，既增加了投资，又得花费大量人力从事众多装置间的设计、配线、安装、调试、修改或扩充；第四，常规二次系统是一个被动的系统，不能正常地指示其自身内部故障，因而必须定期对设备功能加以测试和校验。这不仅会加重维护工作量，更重要的是不能及时了解系统的工作状态，有时甚至会影响对一次系统的监视和控制。

随着电子技术、计算机技术的迅猛发展，微机在电力系统自动化中得到了广泛的应用，先后出现了微机型继电保护装置、微机型故障录波器、微机监控和微机远动装置。这些微机装置尽管功能不一样，但其硬件配置都是从变电所主设备和二次回路中采集信号，并对这些信号进行检测和处理，这使得设备重复，增加了投资，并使接线复杂化，影响了系统的可靠性。

变电所综合自动化将变电所的二次设备（包括测量仪表、信号系统、继电保护、自动装置和远动机等）经过功能组合和优化设计，利用先进的计算机技术、现代电子技术、通信技术和信号处理技术，实现对全变电所的主要设备和输、配电线路的自动监视、测量、自动控制和微机保护，以及调度通信等综合性的自动化功能。

变电所综合自动化系统是利用多台微型计算机和大规模集成电路组成的自动化系统。该系统代替常规的测量和监视仪表，替代了常规控制屏、中央信号系统和远动屏；用微机保护代替常规的继电保护屏，还克服了常规继电保护不能与外界通信的缺点。变电所综合自动化是自动化技术、计算机技术和通信技术等高科技技术在变电所领域的综合应用。变电所综合自动化系统可以采集到比较齐全的数据和信息,利用计算机的高速计算能力和逻辑判断功能,可方便地监视和控制变电所内各种设备的运行和操作。从当前实现的功能和技术水平上衡量,变电所综合自动化系统具有功能综合化、结构微机化、操作监视屏幕化、运行管理智能化等特点。

变电所综合自动化系统在二次系统具体装置和功能实现上，用计算机化的二次设备代替和简化了非计算机设备；数字化的处理和逻辑运算代替了模拟运算和继电器逻辑。相对于常规变电所二次系统，变电所综合自动化系统增添了"变电所主计算机系统"和"通信控制管理"两部分。"通信控制管理"作为桥梁联系变电所内部各部分之间、变电所和调度控制中心之间，使其相互交换数据，并对这一过程进行协调、管理和控制。"变电所主计算机系统"对整个综合自动化系统进行协调、管理和控制，并向运行人员提供变电所运行的各种数据、接线图、表格等画面，使运行人员可远程控制断路器分、合操作，还提供运行和维护人员对自动化系统进行监控和干预的手段。"变电所主计算机系统"代替了很多过去由运行人员完成的简单、重复和烦琐的工作，如收集、处理、记录、统计变电所运行数据，变电所运行过程中所发生的保护动作，断路器分、合闸等重要事件，同时还可按运行人员的操作命令或预先设定执行各种复杂的工作。

变电所综合自动化系统就是通过监控系统的局域网通信，将微机保护、微机自动装置、微机远动装置采集的模拟量、开关量、状态量、脉冲量以及一些非电量信号，经过数据处理及功能的重新组合，按照预定的程序和要求，对变电所实现综合性的监视和调度。因此，综合自动化的核心是监控系统，而综合自动化的纽带是监控系统的局域通信网络，它把微机保护、微机自动装置、微机远动功能综合在一起，形成一个具有远方数据功能的监控系统。

变电所综合自动化系统最明显的特征表现在以下几个方面：

1. 功能实现综合化

变电所综合自动化技术是在微机技术、数据通信技术、自动化技术基础上发展起来的。它综合了变电站内除一次设备和交、直流电源以外的全部二次设备。微机监控系统综合了变电所的仪表屏、操作屏、模拟屏、变送器屏、中央信号系统等功能，以及远动的 RTU 功能、电压和无功补偿自动调节功能。

微机保护（和监控一起）综合了事件记录、故障录波、故障测距、小电流接地选线、自动按频率减负荷、自动重合闸等自动装置功能，并有较完善的自诊断功能。需要指出的是，综合自动化的综合功能，"综合"并非指将变电所要求的功能以"拼凑"的方式组合，而是指在满足基本要求的基础上，达到整个系统性能指标的最优化。对于中央信号系统及仪表和对设备控制操作的功能综合是通过监控系统的全面综合，是在保证其独立的基础上，通过远方自动监视与控制而实现的，例如对微机保护装置仍然要求保证其功能的独立性，但通过对保护状态及动作信息的监视及对保护整定值查询修改，保护的退投、录波远传、信号复归等远方控制来实现其对外接口功能的综合。这种综合的监控方式，既保证了保护和一些重要自动装置的独立性和可靠性，又把保护和自动装置的自动化性能提高到了一个更高的水平。

2. 系统构成模块化

保护、控制、测量装置的数字化采用微机实现，并具有数字化通信能力，把各功能模块通过通信网络连接起来，便于接口功能模块的扩充及信息的共享；另外，模块化的构成，方便变电所实现综合自动化系统模块的组态，以适应工程的集中式、分布分散式和分布式结构集中式组屏等方式。

3. 结构分布、分层、分散化

变电所综合自动化系统是一个分布式系统，其中微机保护、数据采集和控制以及其他智能设备等子系统都是按分布式结构设计的，每个子系统可能有多个 CPU 分别完成不同的功能，这样一个由庞大的 CPU 群构成了一个完整的、高度协调的有机综合（集成）系统。这样大的综合系统往往有几十个甚至更多的 CPU 同时并列运行，以实现变电所自动化的所有功能。

另外，按照变电所物理位置和各子系统功能分工的不同，综合自动化系统的总体结构又按分层原则来组成。按 IEC 标准，典型的分层原则是将变电所综合自动化系统分为 3 层，即过程层、站控层和间隔层。间隔层主要包括按间隔布置的继电保护装置、测量控制装置，实现对过程层设备进行监控和保护。站控层包括监控主机、远方信号传输装置等。过程层主要包含一次设备。

随着技术的发展，自动化装置逐步按照一次设备的位置实行就地分散安装，由此可构成分散（层）分布式综合自动化系统。

4. 操作监视屏幕化

变电所实现综合自动化后，不论是有人值班还是无人值班，操作人员不是在变电所内，就是在主控室或调度室内面对屏幕显示器，对变电所的设备和输电线路进行全方位地监视与操作。常规庞大的模拟屏被液晶显示器上的实时主接线画面取代；在断路器安装处或控制屏进行的常规跳合闸操作，被液晶显示器上的鼠标操作或键盘操作所取代，即通过计算机上的 CRT 显示器，可以监视全变电所的实时运行情况和对各断路器设备进行操作控制。

5. 通信局域网络化、光缆化

计算机局域网络技术和光纤通信技术在综合自动化系统中得到普遍应用。因此，系统具有较高的抗电磁干扰的能力，能够实现高速数据传送，满足实时性要求，组态更灵活，易于扩展，可靠性大大提高，而且大大简化了常规变电所繁杂量大的各种电缆，方便施工。

6. 运行管理智能化

变电所综合自动化的另一特征是运行管理智能化。智能化不仅表现在常规的自动化功能上，如自动报警、自动报表、电压无功自动调节、小电流接地选线、事故判别与处理等方面，还表现在能够在线自诊断，并不断将诊断的结果送往远方的主控端。这是区别常规二次系统的重要特征。简而言之，常规二次系统只能检测一次侧设备，而本身的故障必须靠维护人员去检查、去发现。综合自动化系统不仅检测一次设备，还每时每刻检测自己是否有故障，这就充分体现了其智能性。

运行管理智能化极大地简化了变电所二次系统，取消了常规二次设备，功能强大，信息齐全，可以灵活地按功能或间隔形成集中组屏或分散（层）安装的不同的系统组态。进一步说，综合自动化系统打破了传统二次系统各专业界限和设备划分原则，改变了常规保护装置不能与调度（控制）中心通信的缺陷。

7. 测量显示数字化

长期以来，变电所采用指针式仪表作为测量仪器，其准确度低、读数不方便。采用微机监控系统后，彻底改变了原来的测量手段，常规指针仪表全被计算机显示器上的数字显示所代替，直观、明了。而原来的人工抄表记录则完全由打印机打印或报表所代替。这不仅减轻了值班员的劳动，而且提高了测量精度和管理的科学性。

正是由于变电所综合自动化系统具有的上述明显特征，使其发展具有强劲的生命力。所以，近几年来，研究和应用变电所综合自动化进入高潮，其功能和性能也不断完善。

我国变电站综合自动化的研究工作开始于 20 世纪 80 年代中期，最初的变电站自动化系统实际上是在远动系统 RTU 的基础上加上以一台微机为中心的当地监控系统，如图 2-5-1 所示，不但未涉及继电保护，就连原有的传统的控制屏台也都还保留。这是国内变电站自动化技术的初级阶段。

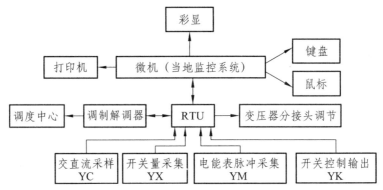

图 2-5-1 以 RTU 为基础的变电所自动化系统示意图

20 世纪 80 年代后期，进行变电站综合自动化技术研究的高等学校、科研单位、生产厂家逐渐增加。进入 20 世纪 90 年代，由于数字保护技术（即微机保护装置）的广泛应用，使变电站自动化技术取得实质性进展。20 世纪 90 年代初研制的变电站自动化系统是在变电站控制室内设置计算机系统作为变电站自动化的核心，另设置一数据采集和控制部件，用以采集数据和发出控制命令。微机保护箱除保护部件外，每柜有一管理单元，其串行口与变电站自动化系统的数据采集及控制部件相连，传送保护装置的各种信息和参数，整定和显示保护定值，投/停保护装置。此类集中式变电站自动化系统与初级阶段相比有了很大的进步。图 2-5-2 即是此类系统的典型框图。

20 世纪 90 年代中期，随着计算机技术、网络技术及通信技术的飞速发展，同时结合变电站的实际情况，各类分散式变电站自动化系统相继研制成功并投入运行。分布式变电站自动化系统的特点是，现场单元部件，分别安装在中低压开关柜或高压一次设备附近。这些部件可以是集保护和测控功能为一体的综合性装置，用以处理各开关单元的继电保护和测控功能，也可以是现场的微机保护和测控部件，分别保持其独立性。在变电站控制室内设置计算机系统，对各现场元部件进行通信联系。通信方式可采用串行口，近几年更多地采用了网络技术。遥信、遥测量的采集及处理，遥控命令的执行和继电保护功能等均由现场单元部件独立完成，并将这些信息通过网络送至后台主计算机，而变电站自动化的综合功能均由后台计算机系统承担。此类分布式变电站自动化系统结构与集中式变电站自动化系统结构相比又有了一个质的飞跃。

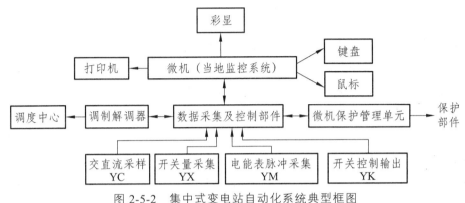

图 2-5-2　集中式变电站自动化系统典型框图

被控端（RTU）是电力自动化系统的重要组成单元，主要安装在铁路沿线变配电所内，负责电力系统的数据采集和操作命令的执行。我国 RTU 的研制工作是从 20 世纪 60 年代开始的，历经几十年的发展，技术日渐成熟。从体系结构上，RTU 可以分为集中式和分布式，分布式 RTU 又可分为功能分布式 RTU 和结构分布式 RTU。从采样方式上，RTU 可以分为早期的直流采样 RTU 和目前主流的交流采样 RTU。从组屏方式上，RTU 分为集中式 RTU 和分散分布式 RTU。

随着电力系统自动化要求的提高，变电所无人值守和综合自动化成为发展的趋势。这就要求 RTU 能够采集更多的开关量、模拟量和电度信息，能够控制更多路遥控和遥调；能够向更多的调度中心建立联系，识别转换各不相同的通信规约；对事件顺序记录（SOE）站内分辨率的要求也有提高的趋势。集中式微机远动装置因采用单处理器，CPU 负荷过重，往往不能满足上述要求；此外，采用并行总线的集中式远动装置也不便于采集不在同一现场的参数，目前国内 RTU 多采用多 CPU 结构，除了主控 CPU 外，遥信、遥测、遥控等各个部分均有自己的 CPU。主控 CPU 负责管理各个子系统，并与调度中心通信以及人机联系；各子 CPU 负责子系统范围内的数据采集、处理或执行命令，并与主控 CPU 通信，通信方式多采用 I/O 总线方式。采用多个 CPU 构成 RTU，有利于提高 RTU 采集和处理远动信息的能力。但是分布式 RTU 的最小配置成本较集中式 RTU 高，因而在小配置情况下，不如集中式微机远动装置经济。

如今，变电站综合自动化技术更加成熟。以太网的 Internet 技术、Web 技术的嵌入式应用又给综合自动化技术的提高注入了新的活力，使其技术水平上了一个新的台阶。产品的功能和性能越来越完善，电气化铁道的综合自动化产品可以涵盖整个铁路局所管辖的所有变电所、开闭所、分区亭的馈电线保护、主变压器保护及测量控制系统，已经成为电气化铁道供电系统调度与管理的核心技术。

项目六　远动系统的应用

一、远动系统在铁路电气化中的应用

早期的铁路供电监控系统只是具备传统的遥控、遥信、遥测、遥调功能。随着计算机技术、电子技术和通信技术的发展，除了常规四遥功能外，现代监控系统还具备数据处理、调度管理、在线培训、辅助决策等功能，因此也常被称作调度自动化系统。

铁路供电监控系统的监控对象主要是牵引供电监控系统，牵引供电系统采用单相 27.5 kV 交流供电方式，因此其监控对象包括牵引变电所、分区所、AT 所、接触网开关等。

铁路供电监控系统的遥测对象有：牵引变电所的进线电压、进线电流、主变功率、27.5 kV 母线电压、主变一次侧有功电能、无功电能、馈线电流、馈线故障点参数；分区所内接触网末端电压、馈线电流；AT 所内的馈线电流。

铁路供电监控系统的遥信对象有：牵引变电所、分区所和 AT 所的中央信号（包括事故总信号、预告总信号、自动装置动作、控制回路断线、控制方式、交流回路故障、直流电源故障、压互回路断线等），遥控对象位置信号，牵引变压器、电容器和馈线的各类故障信号，各开关操作机构的工作状态信号，被控站设备、远动通道运行状态，所内环境及安全报警信号。

铁路供电监控系统的遥控对象有：牵引变电所、分区所和 AT 所的 27.5 kV 及以上断路器、电动隔离开关、重合闸投切、自投装置投切、远方复归等。

二、远动系统在城市轨道交通供电系统中的应用

为了提高城市轨道交通供电系统的可靠性和自动化程度，城市轨道交通供电系统设置了电力监控系统（Power Supervisory Control And Data Acquisition，PSCADA），该系统实现了在 OCC（运营控制中心）内对供电系统进行管理调度、实时控制和数据采集。除利用"四遥"（遥控、遥信、遥测、遥调）功能监控供电系统设备运营状况外，利用该系统的后台工作站还可以进行数据归档和统计报表，更好地管理供电系统。

遥控是指控制中心向地铁沿线各被控变电所中的开关电器设备发送"合闸""分闸"指令，实行远距离控制操作。遥控对象应包括下列基本内容：主变电所、开闭所、中心降压所、牵引变电所、降压变电所内 1 kV 及以上电压等级的断路器、负荷开关和系统用电动隔离开关；牵引变电所的直流快速断路器、直流电源总隔离开关，降压变电所的低压进线断

路器、低压母联断路器、三级负荷低压总开关；接触网电源隔离开关；有载调压变压器的调压开关。

遥信是指控制中心对地铁沿线各变电所中被控对象（如开关电器）的工作状态信号进行监视。遥信对象应包括下列基本内容：遥信对象的位置信号，如开关电器设备所处的"分闸""合闸"位置信号；高中压断路器、直流快速断路器的各种故障跳闸信号；变压器、整流器的故障信号；交直流电源系统的故障信号；降压变电所低压进线断路器、母联断路器的故障跳闸信号；钢轨电位限制装置的动作信号；预告信号；断路器手车位置信号；无人值班变电所的大门开启信号；控制方式。

遥测是指控制中心对地铁沿线各变电所中的工作状态参数远距离的测量。遥测对象应包括以下内容：主变电所进线电压、电流、功率、电能；变电所中压母线电压、电流、功率、电能；牵引变电所直流母线电压；牵引整流机组电流与电能、牵引馈线电流、负极柜回流电流；变电所交直流操作电源的母线电压。

三、电气化铁道远动系统的特点

电气化铁道牵引供电系统（Traction Power Supply System）是电力系统的一个特殊用户，它的特殊性决定了电气化铁道的远动系统与电力系统中的远动系统有共性，也有区别。它们的基本功能和作用是一样的，但系统结构、网络拓扑以及一些具体技术和要求又不尽相同。

1. 牵引负荷的特殊性

牵引供电系统的负荷——电力机车，目前大多采用整流型的交-直流传动。由于采用晶闸管整流，因而在整流过程中不可避免地会产生谐波成分。这些谐波，对与接触网相距不远的远动通道，有相当严重的谐波干扰。因此，在设计电气化铁道远动系统时，必须采取强有效的措施来克服这种通信干扰（包括硬件抗干扰措施和软件抗干扰措施）。

同时，电力机车是一个移动冲击性负荷，与电力系统的静止负荷相比，电气量变化幅度大，更容易造成牵引供电网故障，也要求电气化铁道远动系统具有更高的可靠性和实时性，以便及时、准确地将故障信息送到控制中心进行处理，并及时进行相应的操作控制，以缩短事故的影响时间。

2. 牵引供电系统布局的特殊性

在电力系统中，各变电所、发电厂（站）的地理布局大多为辐射状的分散布局，因此其相应的电力远动系统的通道结构也多为星形辐射状结构。在牵引供电系统中，各变电所、分区亭、开闭所则是沿铁路线分布，其通信线路呈相应的分布。因此，电气化铁道远动通道为适应这种特点，大多采用链形结构、环形结构、总线形结构，有时也要包含星形结构。对于链形、环形结构，必须考虑信号的中继转发、实时性以及误码累积等问题，这在星形结构中是不需特别考虑的。

3. 远动系统功能和容量的特殊性

电气化铁道牵引供电远动系统与电力远动系统也有不同。在电力系统中，侧重的是对遥测量的采集和监视，要求遥测数量大、采集精度高，而对遥控开关的控制数量少、操作频率低。在牵引供电系统中，由于每天都需要对接触网进行停电检修，因此对变电所开关的操作频繁，开关数量多，且可靠性要求极高，以确保行车安全和检修人员人身安全。

4. 远动系统通信信道的特殊性

从通信媒介上看，电力系统多采用电力线载波作为远动通道，而电气化铁道远动系统多采用音频实回线、载波电缆或光纤作为远动通道。这是因为电气化铁道的电力线（接触网）存在大量的谐波，这些谐波的存在严重影响到用电力线作为传输通道的通信质量，从而影响远动系统的可靠性。

同时，电气化铁道远动系统的管辖范围内常包括多个变电所、分区亭等，电力线是分段不同相供电的。在不同相的交会处，电力线是不连通的。载波如何有效地在这些交会处传输，这也是一个问题。因此，电气化铁道远动系统都不采用电力线载波的方式。

【思考题】

1. 远动系统的基本构成包含哪几个部分？各部分的作用是什么？
2. 叙述远动系统的分类。
3. 布线逻辑式远动系统与计算机远动技术的根本区别是什么？
4. 远动系统在设计、生产及应用过程中应注意哪些方面的技术性能要求？
5. 什么是变电所综合自动化系统？
6. 集中式 RTU 和分布式 RTU 有什么区别？相比较而言，分布式 RTU 有什么特点？
7. 铁路供电监控系统的遥测对象有哪些？
8. 城轨交通电力监控系统的遥测对象有哪些？
9. 电气化铁道远动系统有什么特点？

第三部分　远动系统原理

项目一　计算机系统的认知

知识点一　计算机系统的组成

计算机系统是由计算机硬件和计算机软件组成的。计算机硬件是指构成计算机所有实体部件的集合，通常这些部件由电路（电子元件）、机械元件等物理部件组成。它们都是看得见摸得着的物体。软件主要是一系列按照特定顺序组织的计算机数据和指令的集合。1983 年，IEEE 对软件给出了一个较为全面的定义：软件是计算机程序、方法和规范及其相应的文档以及在计算机上运行时所必需的数据。软件是相对于机器硬件而言的。

一、计算机硬件系统

尽管计算机已经发展了五代，有各种规模和类型，但是当前的计算机仍然遵循冯·诺依曼早期提出的基本原理运行。冯·诺依曼原理的基本思想是：

（1）采用二进制形式表示数据和指令。指令由操作码和地址码组成。

（2）将程序和数据存放在存储器中，使计算机在工作时从存储器取出指令加以执行，自动完成计算任务。这就是"存储程序"和"程序控制"的概念。

（3）指令的执行是顺序的，即一般按照指令在存储器中存放的顺序执行，程序分支由转移指令实现。

（4）计算机由存储器、运算器、控制器、输入设备和输出设备五大基本部件组成，并规定了五部分的基本功能。

冯·诺依曼原理的基本思想奠定了现代计算机的基本架构，并开创了程序设计的时代。采用这一思想设计的计算机被称为冯·诺依曼机，它有五大组成部件，如图 3-1-1 所示。原始的冯·诺依曼机在结构上是以运算器为中心的，但演变到现在，电子数字计算机已经转向以存储器为中心。

在计算机的五大部件中，运算器和控制器是信息处理的中心部件，所以它们合称为"中央处理单元"（CPU）。存储器、运算器和控制器在信息处理中起主要作用，是计算机硬件的主体部分，通常被称为"主机"。而输入设备和输出设备统称为"外部设备"，简称为外设或I/O 设备。

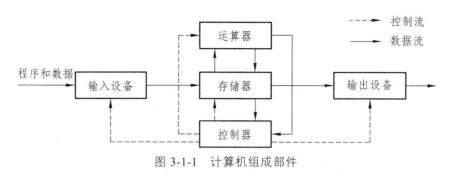

图 3-1-1　计算机组成部件

1. 存储器

存储器是用来存放数据和程序的部件。对存储器的基本操作是按照要求向指定位置存入（写入）或取出（读出）信息。存储器是一个很大的信息存储库，被划分成许多存储单元，每个单元通常可存放一个数据或一条指令。为了区分和识别各个单元，并按指定位置进行存取，给每个存储单元编排了一个唯一对应的编号，称为"存储单元地址"。存储器所具有的存储空间大小（即所包含的存储单元总数）称为存储容量。

通常存储器可分为两大类：主存储器和辅助存储器。主存储器能直接和运算器、控制器交换信息，它的存取时间短而容量不够大；由于主存储器通常与运算器、控制器形成一体组成主机，所以称为内存储器。辅助存储器不直接和运算器、控制器交换信息，而是作为主存储器的补充和后援，它的存取时间长但容量极大。由于辅助存储器常以外设的形式独立于主机存在，所以也称之为外存储器。

主存储器主要由存储体、存储器地址寄存器（MAR）、存储器数据寄存器（MDR）以及读写控制线路构成。

2. 运算器

运算器是对信息进行运算处理的部件。它的主要功能是对二进制编码进行算数（加减乘除）和逻辑（与或非）运算。运算器的核心是算术逻辑运算单元（ALU）。运算器的性能是影响整个计算机性能的重要因素，精度和速度是运算器重要的性能指标。

3. 控制器

控制器是整个计算机的控制核心。它的主要功能是读取指令、翻译指令代码并向计算机各部分发出控制信号，以便执行指令。当一条指令执行完以后，控制器会自动地去取下一条将要执行的指令，依次重复上述过程直到整个程序执行完毕。

4. 输入设备

人们编写的程序和原始数据是经输入设备传输到计算机中的。输入设备能将程序和数据转换成计算机内部能够识别和接收的信息方式，并顺序地把它们送入存储器中。输入设备有许多种，如键盘、鼠标、扫描仪和光电输入机等。

5. 输出设备

输出设备是将计算机处理的结果以人们能接收的或其他机器能接收的形式送出。输出设备同样有许多种，如显示器、打印机和绘图仪等。

由图 3-1-1 可知，计算机各部件之间的联系是通过两种信息流实现的。实线代表数据流，虚线代表控制流。数据由输入设备输入，存入存储器中；在运算过程中，数据从存储器读出，并送入运算器进行处理；处理的结果再存入存储器，或经输出设备输出；而这一切则是由控制器执行存于存储器的指令实现的。

二、计算机软件系统

计算机软件是指能使计算机工作的程序和程序运行时所需要的数据，以及与这些程序和数据有关的文字说明和图表资料。其中，文字说明和图标资料又称为文档。软件也是计算机系统的重要组成部分。相对于计算机硬件而言，软件是计算机的无形部分，但它的作用很大。如果只有好的硬件，没有好的软件，计算机不可能显示出它的优越性能。

计算机软件可以分为系统软件和应用软件两大类。系统软件是指管理、监控和维护计算机资源（包括硬件和软件）的软件。系统软件为计算机适用提供最基本的功能，但并不针对某一特定应用领域。而应用软件恰好相反，不同的应用软件根据用户和所服务的领域提供不同的功能。

目前，常用的系统软件有操作系统、各种语言处理程序、数据库管理系统以及各种服务性程序等。

1. 操作系统

操作系统是最底层的系统软件，它是对硬件系统功能的首次扩充，也是其他系统软件和应用软件能够在计算机上运行的基础。

操作系统实际上是一组程序，它们用于管理计算机中的各种软、硬件资源，合理地组织计算机中的工作流程，协调计算机系统各部分之间、系统与用户之间、用户与用户之间的关系。由此可见，操作系统在计算机系统中占有非常重要的地位。通常，操作系统具有五个方面的功能：存储管理、处理器管理、设备管理、文件管理和作业管理。

2. 语言处理程序

人们要利用计算机解决实际问题，首先要编制程序。程序设计语言就是用来编写程序的语言，它是人与计算机之间交换信息的渠道。

程序设计语言是软件系统的重要组成部分，而相应的各类语言处理程序属于系统软件。程序设计语言一般分为机器语言、汇编语言和高级语言三类。

机器语言是最底层的计算机语言。用机器语言编写的程序，计算机硬件可以直接识别。

汇编语言是为了便于理解与记忆，将机器语言用助记符号代替而形成的一种语言。

高级语言与具体的计算机硬件无关，其表达方式接近于被描述的问题，易被人们所接受和掌握。用高级语言编写程序要比低级语言容易得多，且大大简化了程序的编制和调试，使编程效率得到大幅度的提高。高级语言的显著特点是独立于具体的计算机硬件，通用性和可移植性好。

3. 数据库管理系统

随着计算机在信息处理、情报检索及各种管理系统中应用的发展，要求大量处理某些数据，建立和检索大量的表格。如果将这些数据和表格按一定的规律组织起来，可以使得这些数据和表格处理起来更方便，检索更迅速，用户使用更方便，于是出现了数据库。数据库就是相关数据的集合。数据库和管理数据库的软件构成数据库管理系统。

数据库管理系统目前有许多类型，如关系数据库有 Access、Sybase、Oracle、SQL Server 和 DB2 等。

4. 服务程序

常见的服务程序有编辑程序、诊断程序和排错程序等。

应用软件是为解决各类实际问题而设计的程序系统，从其服务对象的角度，又可分为通用软件和专用软件两类。

应用软件主要为用户提供在各个具体领域中的辅助功能，它也是绝大多数用户学习、使用计算机时最感兴趣的内容。

应用软件是针对某些程序应用领域的软件，如计算机辅助制造软件、计算机辅助设计软件、计算机教学软件、企业管理软件、数据库管理系统、文字处理软件、桌面排版系统等。

应用软件具有很强的实用性，专门用于解决某个应用领域中的具体问题，因此，它又具有很强的专用性。由于计算机应用的日益普及，各行各业、各个领域的应用软件越来越多。也正是这些应用软件的不断开发和推广，更显示出计算机无比强大的威力和无限广阔的前景。

应用软件的内容很广泛，涉及社会的许多领域，很难概括齐全，也很难确切地进行分类。

常见的应用软件有以下几种：

（1）各种信息管理软件；

（2）办公自动化系统；

（3）各种文字处理软件；

（4）各种辅助设计软件以及辅助教学软件；

（5）各种软件包，如数值计算程序库、图形软件包等。

三、硬件与软件的逻辑等价性

现代计算机不能简单地被认为是一种电子设备，而是一个十分复杂的由软、硬件结合而成的整体。而且，在计算机系统中并没有一条明确的关于硬件与软件的分界线，没有一条硬性准则来明确指定什么必须由硬件完成，什么必须由软件完成。因此，任何一个由软件所完成的操作也可以直接由硬件来实现，任何一条由硬件所执行的指令也能用软件来完成。这就是所谓的软件与硬件的逻辑等价。

例如，在早期计算机与低档微型机中，由硬件实现的指令较少，像乘法操作，就由一个子程序去实现；但是，如果用硬件线路直接完成，速度会很快。另外，由硬件线路直接完成的操作，也可以由控制器中微指令编制的微程序来实现，从而把某种功能从硬件转移到微程序上。另外，还可以把许多复杂的、常用的程序硬件化，制作成所谓的"固件"。固件是一种介于传统的软件和硬件之间的实体，功能上类似于软件，但形态上又是硬件。对于程序员来说，通常并不关心究竟一条指令是如何实现的。

微程序是计算机硬件和软件相结合的重要形式。第三代以后的计算机大多采用了微程序控制方式，以保证计算机系统具有最大的兼容性和灵活性。用微指令编写的微程序从形式上看，与用机器指令编写的系统程序差不多。微程序深入到机器的硬件内部，以实现机器指令操作为目的，控制着信息在计算机各部件之间流动。微程序也基于存储程序的原理，把微程序存放在控制存储器中，所以也是借助软件方法实现计算机工作自动化的一种形式。

这充分说明软件和硬件是相辅相成的。一方面，硬件是软件的物质支柱，正是在硬件高度发展的基础上，才有了软件的生存空间和活动场所；没有大容量的主存和辅存，大型软件将发挥不了作用；而没有软件的"裸机"也毫无用处，等于没有灵魂的人的躯壳。另一方面，软件和硬件相互融合、相互渗透、相互促进的趋势越来越明显。不但硬件软化（微程序即是一例）可以增强系统功能和适应性，而且软件硬化能有效发挥硬件成本日益降低的优势。随着大规模集成电路技术的发展和软件硬化的趋势，软硬件之间明确的划分已经显得比较困难了。

知识点二　计算机的特点和性能指标

一、计算机的工作特点

计算机的主要工作特点表现在以下几个方面。

1. 运算速度快

运算速度是计算机的一个重要性能指标。计算机的运算速度通常用每秒钟执行定点加法的次数或平均每秒钟执行指令的条数来衡量。运算速度快是计算机的一个突出特点。计算机的运算速度已由早期的每秒几千次发展到现在的最高可达每秒万亿次，甚至更高。

2. 计算精度高

科学研究和工程设计，对计算的结果精度有很高的要求。一般的计算工具只能达到几位有效数字，而计算机对数据的结果精度可达到十几位、几十位有效数字，根据需要甚至可达到任意精度。

3. 存储容量大

计算机的存储器可以存储大量数据，这使得计算机具有了"记忆"功能，目前计算机的存储容量越来越大，已高达千兆数量级的容量。计算机具有"记忆"功能，这是计算机与传统计算工具的一个重要区别。

4. 具有逻辑判断功能

计算机的运算器除了能够完成基本的算术运算外，还具有进行比较、判断等逻辑运算的功能。这种能力是计算机处理逻辑推理问题的前提。

5. 自动化程度高，通用性强

由于计算机的工作方式是将程序和数据先存放在机内，工作时按程序规定的操作，一步一步地自动完成，一般无须人工干预，因而自动化程序高。这一特点是一般计算工具所不具备的。计算机通用性的特点表现在几乎能求解自然科学和社会科学中一切类型的问题，能广泛地应用到各个领域。

二、计算机的主要性能指标

评价计算机性能是一个复杂的问题，早期只限于字长、运算速度和存储容量三大指标。目前，主要考虑的因素有如下几个方面。

1. 主 频

主频很大程度上决定了计算机的运行速度，它的单位是兆赫兹（MHz）。例如，Intel 8086/8088 的主频为 4.77 MHz，而 Pentium IV 芯片可以达到 3 GHz 以上。

2. 字 长

字长决定了计算机的运算精度、指令字长度、存储单元长度等，可以是 8、16、32、64、128 位（bit）。

3. 运算速度

衡量计算机运算速度的早期方法是每秒执行加法指令的次数，现在通常用等效速度。等效速度由各种指令平均执行时间以及对应的指令运行比例计算得出，即用加权平均法求得。它的单位是每秒百万指令。另外，还有利用所谓"标准程序"在不同的机器上运行所得到的实测速度。

4. 存储容量

以字为单位的计算机常用字数乘字长来表明存储容量，以字节（1 Byte = 8 bit）为单位的计算机则常以字节数表示存储容量。习惯上常将 1 024（2^{10}）简称为 1K（千），1 024K（2^{20}）简称为 1M（兆），1 024M（2^{30}）简称为 1G（吉）。1 024G（2^{40}）简称为 1T（太），1 024T（2^{50}）简称为 1P（皮）。

5. 可靠性

系统是否运行稳定非常重要，常用平均无故障时间（MTBF）衡量系统的可靠性。MTBF越大，系统越可靠。平均无故障时间是指两次故障之间能正常工作时间的平均值。假设 λ 表示单位时间内失效的元件数与元件总数的比例，即失效率，则 MTBF = $1/\lambda$。例如，$\lambda = 0.02\%\ \mathrm{h}^{-1}$，则 MTBF = $1/\lambda$ = 5 000 h。

6. 可维护性

系统可维护性是指系统出现了故障能否尽快修复，可用平均修复时间（MTRF）表示，它只是从故障发生到机器修复平均所需要的时间。

7. 可用性

可用性是指计算机的使用频率，它以系统在执行任务的任意时刻能正常工作的概率 A 来表示。

$$A = \mathrm{MTBF}/(\mathrm{MTBF}+\mathrm{MTRF})$$

上述可靠性为 R、可维护性为 S、可用性为 A，在计算机系统中称为 RAS 技术。

8. 兼容性

兼容是广泛的概念，是指设备或程序可以用于多种系统的性能。兼容使得汲取的资源得以继承和发展，有利于计算机得到推广和普及。

除此之外，评价计算机时还会看它的性价比、系统的可扩展性、系统对环境的要求、耗电量的大小等。

知识点三　计算机中的数据表示与运算

计算机只认识二进制编码所表示的数据，也只能对二进制表示的数据进行加工和处理。为了使计算机更方便地对数据进行处理，首先必须弄清楚各种各样的数据在计算机中是如何表示的，进而明了计算机硬件是如何对这些数据进行各种运算和加工的。

一、数　制

1. 进位计数制及其转换

常见的进位计数制有十进制、二进制、八进制和十六进制。

十进制数中共有 0～9 十个数码，其计数特点及进位原则为"逢十进一"。十进制的基数为 10，位权为 10^i（i 是整数）。十进制数后面常用字母 D 标记或者缺省。

计算机中常用的计数制有二进制、八进制、十六进制。

二进制数中只有 0 和 1 两个数码，其计数特点及进位原则为"逢二进一"。二进制的基数为 2，位权为 2^i（i 是整数）。二进制数的后面常用字母 B 标记。

八进制数中共有 0～7 八个数码，其计数特点及进位原则为"逢八进一"。二进制的基数为 8，位权为 8^i（i 是整数）。八进制数的后面常用字母 O 标记。

十六进制数中共有 0～9、A、B、C、D、E、F 十六个数码，其计数特点及进位原则为"逢十六进一"。十六进制的基数为 16，位权为 16^i（i 是整数）。十六进制数的后面常用字母 H 标记。

任何一位进位计数制表示的数都可以写成按权展开的多项式之和，即任意一个 r 进制数 N 可表示为

$$N_r = \sum_{i=m-1}^{-k} D_i \times r^i \qquad (3\text{-}1\text{-}1)$$

式中，D_i 为该数制采用的基本数符；r^i 为权，r 为基数。

数值数据是表示数量多少和数值大小的数据，即在数轴上能找到其对应的点。

各种数值数据在计算机中表示的形式称为机器数。机器数对应的实际数值称为数的真值。

小数点位置固定的数称为定点数，它又有无符号数和有符号数之分。

2. 无符号数及有符号数

1) 无符号数

所谓无符号数，即没有符号的数，数中的每一位均用来表示数值。所以 8 位二进制无符号数所表示的数值范围为 0～255，而 16 位二进制无符号数的表示范围为 0～65 535。

2) 有符号数

对于有符号数而言，机器无法直接识别"＋""－"（即正、负）符号，但由于"正""负"恰好是两种截然不同的状态，若用"0"表示"正"，用"1"表示"负"，则符号也就被数字化了，并且规定将符号放在有效数字的前面，这样就组成了有符号数。

3. 定点数与浮点数

1) 定点数

在数据的机器表示中，若约定小数点的位置固定不变，则称为定点数。有两种形式的定

点数：定点整数（纯整数，小数点定在最低有效数值位之后）和定点小数（纯小数，小数点在最高有效数值位之前）。有符号定点数的具体表示形式如图 3-1-2 所示。

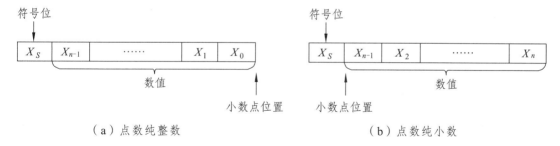

（a）点数纯整数　　　　　　　　　（b）点数纯小数

图 3-1-2　有符号点数的具体表现形式

2）浮点数

基数为 2 的数 F 的浮点表示为

$$F = M \times 2^E \tag{3-1-2}$$

式中，M 为尾数；E 为阶码。

尾数为带符号的纯小数，阶码通常为带符号的纯整数。计算机中浮点数的一般表示形式如图 3-1-3 所示。

数符	阶符	阶码	尾数

图 3-1-3　浮点数的一般表示形式

二、原　码

原码是机器数中最简单的一种表示方法，其符号位为 0 表示正数，符号位为 1 表示负数，数值位即真值的绝对值。

1. 整数原码的定义

根据图 3-1-2（a），若整数用二进制 $n+1$ 位表示，则整数原码的定义为

$$[X]_{原} = \begin{cases} X & (0 \leqslant X < 2^n) \\ 2^n - X & (-2^n < X \leqslant 0) \end{cases} \tag{3-1-3}$$

式中，X 为真值；n 为整数数值位的位数。

例如，当 $X = +35$ 时，若用 8 位二进制编码的原码表示，则

$$[X]_{原} = 00100011$$

若 $X = -35$ 时，若用 8 位二进制编码的原码表示，则

$$[X]_{原} = 10100011$$

从上面的定义可以看到，符号位总是放在最高位。同时，原码表示又称作带符号的绝对值表示，即在符号的后面跟着的就是该数据的绝对值。

2. 小数原码的定义

根据图 3-1-2（b），若小数用二进制 $n+1$ 位表示，则小数原码的定义为

$$[X]_{原} = \begin{cases} X & (0 \leqslant X < 1) \\ 1 - X & (-1 < X \leqslant 0) \end{cases}$$
（3-1-4）

根据式（3-1-4），纯小数的原码表示如下：

对于正数，有

$$[X]_{原} = 0. \, X_1 X_2 \cdots X_{n-1}$$

对于负数，有

$$[X]_{原} = 1. \, X_1 X_2 \cdots X_{n-1}$$

值得注意的是，在计算机中小数点是隐含的，也是不用表示的。上面表示式中的小数点纯属强调小数点的位置。

例如，若纯小数 $X = 0.468\,75$，用包括符号位的定点原码表示，则可表示为

$$[X]_{原} = 0.0111100$$

若纯小数 $X = -0.468\,75$，用包括符号位的定点原码表示，则可表示为

$$[X]_{原} = 1.0111100$$

数值原码表示法简单直观，但用其进行加减运算却很麻烦。同时，对于数值 0，用原码表示则不是唯一的，有两种表示形式，以 8 位原码表示的 0 为

$$[+0]_{原} = 0.0000000 \quad 或 \quad [+0]_{原} = 00000000$$

$$[-0]_{原} = 1.0000000 \quad 或 \quad [-0]_{原} = 10000000$$

可见，$[+0]_{原}$ 不等于 $[-0]_{原}$，即原码中的"零"有两种表示形式。

利用上述定义，原码 n 位（包括 1 位符号位）整数及纯小数所能表示的数值范围分别为 $-(2^{n-1}-1) \sim +(2^{n-1}-1)$ 和 $-(1-2^{-(n-1)}) \sim +(1-2^{-(n-1)})$。

三、补 码

1. 补数的概念

在日常生活中，常会遇到"补数"的概念。如时钟指示 6 点，欲使它指示 3 点，既可按

顺时针方向将分针转 9 圈，也可按逆时针方向将分针转 3 圈，结果是一致的。假设顺时针方向转为正，逆时针方向转为负，则有 6 – 3 = 3，6 + 9 = 15。由于时钟的时针转一圈能指示 12 个小时，这个"12"在时钟里是不被显示而自动丢失的，即 15 – 12 = 3，故 15 点和 3 点均显示 3 点。这样 – 3 和 + 9 对时钟而言其作用是一致的。在数学上称 12 为模，写作 mod 12，而称 + 9 是 – 3 以 12 为模的补数。

将补数的概念运用到计算机中，便出现了补码这个机器数。

2. 补码的定义

1）整数补码的定义

同样，根据图 3-1-2（a），若整数用二进制 $n + 1$ 位表示，则整数补码的定义为

$$[X]_{原} = \begin{cases} X & (0 \leqslant X < 2^n) \\ 2^{n+1} + X & (-2^n < X < 0) \end{cases} (\mathrm{mod}\, 2^{n+1}) \tag{3-1-5}$$

由式（3-1-5）可以看到，对正数来说，补码与原码的定义完全一样。同样的例子，假定 $X = + 35$，若用 8 位二进制编码的补码表示，则

$$[X]_{补} = 00100011$$

但是，对于负数而言，两者是不同的。现以 $X = – 35$ 为例，可以利用式（3-1-5）来求得该数的 8 位补码表示。但这种方法相对比较麻烦，简单的方法有如下几种：

（1）将 $X = + 35$ 的原码表示，包括符号位在内的各位取反，再在最低位上加 1。

（2）将 $X = – 35$ 的原码表示，不包括符号位各位取反，再在最低位上加 1。

（3）将 $X = + 35$ 的原码表示，从最低位逐位向高位找起，找到第一个 1 不变，以后各位 1 变 0，0 变 1，直至符号位。

则有 $\qquad [X]_{补} = 10100100$

2）小数补码的定义

小数用二进制 $n + 1$ 位表示，则小数补码的定义为

$$[X]_{补} = \begin{cases} X & (0 \leqslant X < 1) \\ 2 + X & (-1 \leqslant X < 0) \end{cases} (\mathrm{mod}\, 2) \tag{3-1-6}$$

根据式（3-1-6），纯小数的补码表示如下：

对于正数，有 $[X]_{补} = 0. X_1 X_2 \cdots X_{n-1}$

对于负数，有 $[X]_{补} = 1. X_1 X_2 \cdots X_{n-1}$

同样，小数点是隐含的。

例如，若纯小数 $X = 0.46875$，用包括符号位的 8 位定点补码表示，则可表示为

$$[X]_{补} = 0.0111100$$

可以看到，对于正数纯小数，补码表示与原码是一样的；对于负数纯小数，构成其补码

表示形式所采用的方法与整数一样。也就是说，上面提到的 4 种方法均可使用。因此，当 $X = -0.46875$，用包括符号位的 8 位定点补码表示，则可表示为

$$[X]_{补} = 1.1000100$$

通过上述说明可知，n 位补码表示的整数数值范围为分别为 $-2^{n-1} \sim +(2^{n-1}-1)$，$n$ 位补码表示的小数数值范围为 $-1 \sim (1-2^{n-1})$。

3．补码的特点

1）0 的表示是唯一的

$$[+0]_{补} = 0.0000000$$

$$[-0]_{补} = 2 + (-0.0000000) = 10.0000000 - 0.0000000 = 0.0000000$$

显然，$[+0]_{补} = [-0]_{补} = 0.0000000$，即补码中"零"只有一种表示形式。

2）变形码

当模为 4 时，可形成双符号位的补码，如 $X = -0.1001$，对于（mod 22）而言，有

$$[X]_{补} = 22 + X = 100.0000000 - 0.1001000 = 11.0111000$$

这种双符号位的补码又称为变形补码，它在阶码运算和溢出判断中有特殊作用。

3）求补运算

在许多处理器中都设置求补指令，即对操作数求其补码。具体运算就是将操作数，包括符号位在内，各位取反，再在最低位上加上 1。可注意到，一个正数求补就变为负数，例如，对 +68 求补，其结果必为 -68，就如同上面对 +35 求补就得到 -35 的结果一样。同样，对 -68 求补，其结果必为 +68。

求补运算可用上面所描述的 4 种方法的任一种来实现，当然以简单快速为好。

4）简化加减法

利用补码实现两数相加是很方便的，补码加法的运算法则为

$$[X+Y]_{补} = [X]_{补} + [Y]_{补} \tag{3-1-7}$$

由式（3-1-7）可以看出，两数和的补码就等于两数补码之和。

对于减法，正如上面所描述的，对补码求补就相当于在其前面加了一个负号。也就是说，$\left[[X]_{补}\right]_{求补} = [-X]_{补}$；$\left[[-X]_{补}\right]_{求补} = [X]_{补}$。有了这样的特性，就使得减法运算完全可以用加法来实现，即

$$[X-Y]_{补} = [X]_{补} + [-Y]_{补} = [X]_{补} + \left[[Y]_{补}\right]_{求补} \tag{3-1-8}$$

这也是所有常见的处理器中只设置加法器而不设置减法器的原因，这样可以简化处理器的结构。

现举例说明，欲求 68 - 35 的值，可以令 68 +（ - 35 ）= Z，则

$$[Z]_{补} = [68]_{补} + [(-35)]_{补} = 01000100 + 11011101 = 00100001$$

可见，所获得的结果正是 33（00100001）。

5）算数或逻辑左移

对于用补码表示的数据，只要没有超出所规定的数值范围，每算数或逻辑左移一次，即各位顺序向左移一次，最高位移出 m，最低位补进一个 0，相当于该数据乘以 2，但必须注意前提条件。

6）算数右移

算术右移规定保持最高位（即符号位）不变，并将包括最高位的数据顺序右移一位，最低位移出。

对于用补码表示的数据，每算术右移一次相当于该数据除以 2。

四、反　码

反码通常用来作为由原码求补码或者由补码求原码的中间过渡。

1. 反码的定义

1）整数反码的定义

整数反码的定义为

$$[X]_{原} = \begin{cases} X & (0 \leqslant X < 2^n) \\ (2^n - 1) + X & (-2^n < X \leqslant 0) \end{cases} [\bmod(2^{n+1} - 1)] \qquad （3\text{-}1\text{-}9）$$

由式（3-1-9）可以看出，正整数的反码表示与原码及补码表示是相同的。对于负整数的反码表示，可直接利用式（3-1-9）来获得；也可以将与该负数绝对值相同的正数原码，包括符号位在内，各位取反获得；还可以用该负数的原码表示，保持符号位不变，其余各位取反来获得。

如前例，若 X = 35，其 8 位反码表示为

$$[X]_{反} = 00100011$$

若 X = - 35，其反码表示为

$$[X]_{反} = 11011100$$

2）小数反码的定义

小数反码的定义为

$$[X]_{反} = \begin{cases} X & (0 \leqslant X < 1) \\ (2-2^{-n})+X & (-1 < X \leqslant 0) \end{cases} [\mathrm{mod}(2-2^{-n})] \qquad (3\text{-}1\text{-}10)$$

2. 反码的特点

1）0的表示

在数值的反码表示中，0同样有两种表现形式，用8位表示如下：

$$[+0]_{反} = 0.0000000 = 00000000$$

$$[-0]_{反} = 1.1111111 = 11111111$$

2）反码与补码的关系

从反码及补码的定义可以看出

$$[X]_{反} = 2 - 2^n + X$$

$$[X]_{补} = 2 + X$$

可见

$$[X]_{补} = [X]_{反} + 2^n \qquad (3\text{-}1\text{-}11)$$

式（3-1-11）进一步验证了前面的结论：只要在某数值的反码的最低位上加1，即可获得该数值的补码。

3. 数值范围

$n+1$ 位反码表示的整数数值范围为 $-2^n \sim +2^n$，$n+1$ 位反码表示的小数数值范围为 $-(1-2^{-n}) \sim +(1-2^{-n})$。

【思考题】

1. 计算机的硬件是由哪些部件组成的？它们各有哪些功能？

2. 计算机系统的主要技术指标有哪些？

3. 设机器数的字长为 8 位（含一位符号位），分别写出下列各二进制数的原码、补码和反码。

0，-0，0.1010，-0.1010，10101，-10101

4. 已知下列数八位二进制补码表示，分别写出它们的真值。

$[X]_{补} = 01010101$，$[X]_{补} = 11010101$，$[X]_{补} = 1.010101$，$[X]_{补} = 0.010101$

【实训项目】

供电调度实训室计算机维护。

项目二　计算机网络

知识点一　计算机网络定义及组成

人们看待问题的观点不同，给计算机网络下的定义也不同。通常情况下，从整体上来说计算机网络就是把分布在不同地理区域的计算机与专门的外部设备用通信线路互联成一个规模大、功能强的系统，从而使众多的计算机可以方便地互相传递信息，共享硬件、软件、数据信息等资源。简单来说，计算机网络（简称网络）就是由通信线路互相连接的许多自主工作的计算机构成的集合体。

从计算机网络的拓扑结构来看，计算机网络由若干节点和连接这些节点的通信线路组成。网络中的节点可以是计算机、集线器、交换机或路由器等。最简单的计算机网络就只有两台计算机和连接它们的一条通信线路，即两个节点和一条线路。图 3-2-1 给出了一个具有 8 个节点和 8 条链路的网络，有 8 台计算机通过 8 条链路连接到一个集线器上，构成了一个计算机网络。

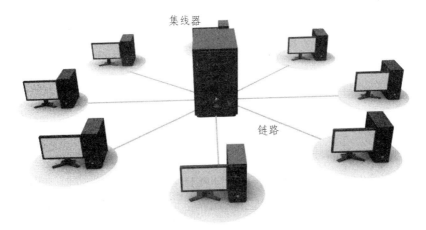

图 3-2-1　计算机网络

与计算机系统相对应，计算机网络系统也包括网络硬件设备和网络软件系统两部分，网络硬件设备是计算机网络系统的物质基础，而网络软件系统则是挖掘计算机网络潜力的工具。

知识点二　计算机网络硬件设备和软件系统

网络硬件设备是连接到网络中的物理实体，通常由网络连接设备和传输介质组成。基本的网络设备有：计算机（无论其为个人计算机或服务器）、集线器、交换机、网桥、路由器、网关、网络接口卡（NIC）、无线接入点（WAP）、打印机、调制解调器、光纤收发器和光缆等。

一、网络连接设备

网络连接设备是把网络中的通信线路连接起来的各种设备的总称，这些设备包括中继器、集线器、交换机、路由器、调制解调器和网卡等。

1. 中继器

中继器（RP repeater）是局域网环境下用来延长网络距离的最简单最廉价的网络互联设备。由于电磁信号在网络传输介质上传递时，衰减和噪声使有效数据信号变得越来越弱，中继器具有放大信号的作用。中继器通过对数据信号的重新发送或者转发，来扩大网络传输的距离，主要适用于完全相同的两类网络的互联。

2. 集线器

集线器是构成局域网的最常用的连接设备之一。如图 3-2-1 所示，集线器是计算机网络的中央设备，它的每一个端口可以连接一台计算机，网络中的计算机通过它来交换信息。常用的集线器可通过两端装有 RJ-45 连接器的双绞线与网络中计算机上安装的网卡相连，每个时刻只有两台计算机可以通信。利用集线器连接的局域网叫共享式局域网，集线器实际上是一个拥有多个网络接口的中继器，不具备信号的定向传送能力。

3. 交换机

交换机又称交换式集线器，在网络中用于完成与它相连的线路之间的数据单元的交换，是一种基于网卡的硬件地址识别，完成封装、转发数据包功能的网络连接设备。在局域网中可以用交换机来代替集线器，其数据交换速度比集线器快得多。这是由于集线器不知道目标地址在何处，只能将数据发送到所有的端口。而交换机中会有一张地址表，通过查找表格中的目标地址，把数据直接发送到指定端口。利用交换机连接的局域网叫交换式局域网，除了在工作方式上与集线器不同之外，交换机在连接方式、速度选择等方面与集线器基本相同。

4. 路由器

路由器是一种连接多个网络或网段的网络连接设备，它能将不同网络或网段之间的数据信息进行转换，以使它们能够相互"读"懂对方的数据，实现不同网络或网段间的互联互通，从而构成一个更大的网络。路由器的工作方式与交换机不同，交换机利用网卡的硬件地址（MAC 地址）来确定转发数据的目的地址，而路由器则是利用网络地址（IP 地址）来确定转发数据的地址。另外，路由器具有数据处理、防火墙及网络管理等功能。

二、网络传输介质

网络传输介质是网络中发送方与接收方之间的物理通路，常用的传输介质分为有线传输介质和无线传输介质两大类。有线传输介质是指在两个通信设备之间实现的物理连接部分，它能将信号从一方传输到另一方，有线传输介质主要有双绞线、同轴电缆和光纤，其中，双绞线和同轴电缆传输电信号，光纤传输光信号。无线传输介质指我们周围的自由空间，利用无线电波在自由空间的传播可以实现多种无线通信。在自由空间传输的电磁波根据频谱可将其分为无线电波、微波、红外线、激光等，信息被加载在电磁波上进行传输。

1. 双绞线

双绞线也称为双扭线，是最古老但又是最常用的传输媒体。把两根互相绝缘的铜导线并排放在一起，然后用规则的方法绞合起来就构成了双绞线。绞合可减少对相邻导线的电磁干扰。模拟传输和数字传输都可以使用双绞线，其通信距离一般为几到十几千米。距离太长时就要加放大器以便将衰减了的信号放大到合适的数值（对于模拟传输），或者加上中继器，以便对失真的数字信号进行整形（对于数字传输）。

双绞线按结构可分为无屏蔽双绞线和屏蔽双绞线。屏蔽双绞线是在双绞线的外面再加上一层用金属丝编织成的屏蔽层，可提高双绞线抗电磁干扰的能力，简称为 STP（Shielded Twisted Pair）。屏蔽双绞线的价格比无屏蔽双绞线（Unshielded Twisted Pair, UTP）要贵一些，图 3-2-2 是无屏蔽双绞线和屏蔽双绞线的示意图。

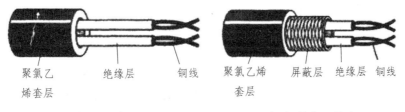

聚氯乙烯套层　　绝缘层　　铜线	聚氯乙烯套层　　屏蔽层　绝缘层　铜线
（a）无屏蔽双绞线	（b）屏蔽双绞线

图 3-2-2　双绞线的示意图

双绞线按导体的技术性能和绞扭的密度可分为 1 类、2 类、3 类、4 类、5 类、超 5 类、6 类等双绞线。表 3-2-1 给出了常用的绞合线的类别、带宽和典型应用。

表 3-2-1　常用的绞合线的类别、带宽和典型应用

绞合线类别	带　　宽	线缆特点	典型应用
3	16 MHz	2 对 4 芯双绞线	模拟电话：曾用于传统以太网（10 Mb/s）
4	20 MHz	2 对 8 芯双绞线	曾用于令牌局域网
5	100 MHz	与 4 类相比增加了绞合度	传输速率不超过 100 Mb/s 的应用
5E（超 5 类）	125 MHz	与 5 类相比衰减更小	传输速率不超过 1 Gb/s 的应用
6	250 MHz	与 5 类相比改善了串扰等性能	传输速率高于 1 Gb/s 的应用
7	600 MHz	使用屏蔽双绞线	传输速率高于 10 Gb/s 的应用

无论是哪种类别的双绞线，衰减都随频率的升高而增大。使用更粗的导线可以降低衰减，但却增加了导线的质量和价格。信号应当有足够大的振幅，以便在噪声干扰下能够在接收端正确地被检测出来。双绞线的最高速率还与数字信号的编码方法有很大的关系。

2. 同轴电缆

同轴电缆由内导体铜质芯线（单股实心线或多股绞合线）、绝缘层、网状编织的外导体屏蔽层（也可以是单股的）以及保护塑料外层所组成，如图 3-2-3 所示。同轴电缆具有抗干扰能力强、连接简单等特点，信息传输速度可达每秒几百兆位，是中、高档局域网的首选传输介质。

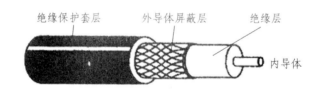

绝缘保护套层　外导体屏蔽层　绝缘层

内导体

图 3-2-3　同轴电缆的结构

同轴电缆按传输信号分成基带同轴电缆和宽带同轴电缆。基带同轴电缆主要用于数字信号的基带通信，它的屏蔽网用铜线做成网状的，特征阻抗为 50 Ω。宽带同轴电缆主要用于模拟信号的宽带通信，如闭路电视系统中的传输线路，它的屏蔽导线常用铝冲压成型，特征阻抗为 75 Ω。

同轴电缆按直径可分为粗缆和细缆两种。在局域网中，细缆的最大传输距离可达 925 m，粗缆的最大传输距离可以达到 2 500 m。粗缆网络必须安装收发器和收发器电缆，安装难度大，造价高。因为有了更好的产品如光纤电缆等来取代它，目前粗同轴电缆已经不常使用了。

3. 光　纤

光纤通信就是利用光导纤维（以下简称为光纤）传递光脉冲来进行通信。有光脉冲相当于 1，而没有光脉冲相当于 0。可见光的频率非常高，约为 10^8 MHz 的量级，因此一个光纤

通信系统的传输带宽远远大于目前其他各种传输媒体的带宽。

光纤是光纤通信的传输媒体。在发送端有光源，可以采用发光二极管或半导体激光器，它们在电脉冲的作用下能产生出光脉冲。在接收端利用光电二极管做成光检测器，在检测到光脉冲时可还原出电脉冲。图 3-2-4 是光纤的示意图。

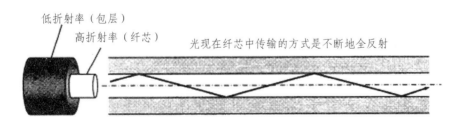

图 3-2-4　光纤示意图

4. 无线传输介质

前面介绍了 3 种有线传输介质。但是，若通信线路要通过一些高山或岛屿，有时就很难施工。即使是在城市中，挖开马路敷设电缆也不是一件很容易的事。当通信距离很远时，敷设电缆既昂贵又费时，利用无线电波在自由空间的传播就可较快地实现多种通信，这就是无线传输。最常用的无线传输介质有：微波、红外线和激光。红外线和激光的安装容易，但都对环境干扰特别敏感，如雨和雾的干扰。而微波对环境的干扰不甚敏感，且安装也比较容易，所以在无线局域网中采用的无线传输介质主要是以微波为主。

三、计算机网络软件系统

网络上的每个用户都可享有系统中的各种资源，系统必须对用户进行控制。否则，就会造成系统混乱、信息数据的破坏和丢失。为了协调计算机网络系统资源，系统需要通过软件工具对网络资源进行全面管理、调度和分配，并采取一系列的安全保密措施，防止用户不合理地对数据和信息的访问，以防止数据和信息的破坏与丢失。通常的网络软件包括：

（1）网络协议软件：通过协议程序实现网络协议功能。

（2）网络通信软件：实现网络工作站之间的通信。

（3）网络操作系统：一种能代替操作系统的软件程序，是网络的心脏和灵魂，是向网络计算机提供服务的特殊的操作系统。网络操作系统借由网络达到互相传递数据与各种消息，它分为服务器（Server）及客户端（Client）。服务器的主要功能是管理服务器和网络上的各种资源和网络设备的共用，加以统合并管控流量，避免瘫痪的可能性。客户端有着能接收服务器所传递的数据来运用的功能，好让客户端可以清楚地搜索所需的资源。网络操作系统依据操作模式可分为单用户操作系统（如 Windows 系列）或多用户操作系统（UNIX、Linux）。网络操作系统主要提供文件、打印、目录和通信等服务，并安全管理用户的权限和资源的访问权限。

（4）网络管理和网络应用软件：网络管理软件是用来对网络资源进行管理和对网络进行维护的软件。网络应用软件是为网络用户提供服务并为网络用户解决实际问题的软件。

知识点三　计算机网络分类

由于计算机网络的广泛使用，目前在世界上已出现了多种形式的计算机网络，可以从不同的角度对它们进行分类。

一、按网络的地理覆盖范围分类

计算机网络按其地理覆盖范围来看，可分为局域网（Local Area Network，LAN）、城域网（Metropolitan Area Network，MAN）和广域网（Wide Area Network，WAN）。

1. 局域网

局域网是在局部地区范围内的网络，所覆盖的地区范围较小。局域网在计算机数量配置上没有太多的限制，少的可以只有两台，多的可达几百台。在网络所涉及的地理距离上一般来说可以是几米至 10 km 以内。局域网具有连接范围窄、用户数少、配置容易、连接速率高等特点。以太网（Ethernet）、令牌环网（Token Ring）、光纤分布式接口网络（FDDI）、异步传输模式网（ATM）以及最新的无线局域网（WLAN）均属于局域网。

2. 城域网

城域网是指在一个城市，但不在同一地理小区范围内的计算机互联。这种网络的连接距离可以在 10 ~ 100 km。城域网与局域网相比扩展的距离更长，连接的计算机数量更多，在地理范围上可以说是局域网的延伸。在一个大型城市或都市地区，一个城域网通常连接着多个局域网，如连接政府机构的局域网、医院的局域网、电信的局域网、公司企业的局域网等。

3. 广域网

广域网也称为远程网，所覆盖的范围比城域网更广，一般是在不同城市之间的局域网或者城域网互联，地理范围可从几百千米到几千千米。因为距离较远，信息衰减比较严重，所以这种网络一般要租用专线，通过接口信息处理协议和线路连接起来，构成网状结构，解决循径问题。

二、按网络的拓扑结构分类

计算机网络的布线方式常常抽象成规则的几何图形（见图 3-2-5），即通常所说的拓扑结构，一般分为以下几类：

 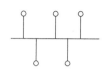

（a）星形拓扑　　（b）树形拓扑　　（c）总线形拓扑　　（d）环形拓扑　　（e）网状形拓扑

图 3-2-5　常见网络拓扑

1．星形网络

星形网络必须有一个中心节点，通过中心节点向四周辐射，所有节点间通信都要通过中心节点。

星形网络的特点：

（1）功能高度集中：整个网络的处理和控制功能都集中在中心节点上，结构简单，易于实现，但不可靠。一旦中心节点出现故障，则整个网络将立即陷于瘫痪。

（2）单信息流通路径：每个节点只有一条路径到中心节点，不存在路径选择。

（3）线路利用率低：因为每条通信线路只连接一个远程节点，该线路利用率低。

星形网络的适用场合：数据传输主要在中心节点和从节点之间，从节点之间数据传输量较少。

2．树形网络

将多级星形网络按层次方式进行排列，即形成树形网络。网络的最高层是中央处理机，最低层是终端，其他各层可以是多路转换器、集中器或部门计算机等。

树形网络的特点：

（1）线路利用率高：众多终端共享一条通信线路。

（2）网络分布处理能力强，增强了星形网的可扩充性、可靠性。

（3）通信费用（合理组网）低于星形网。

（4）结构比星形复杂，链路多，时延长。

树形网络的适用场合：分级管理和控制系统。

3．总线形网络

总线形网络由一条高速公用总线通过相应的硬件接口连接若干个节点所形成。

总线形网络的特点：

（1）线路利用率高：多个节点共用一条传输信道。

（2）广播通信方式：一个节点发送消息，可被网络上所有节点接收。

（3）建网容易，节点连接到总线即可，易于控制。

（4）地理覆盖范围小，公用总线长度受限，超过一定范围，要加中继器来放大信号。

（5）节点数增多，难以维护，主干任何一处出现故障，较难排除。

总线形网络的适用场合：局域网，且节点很少时。

4. 环形网络

环形拓扑是使用公共电缆组成一个封闭的环，各节点直接连到环上，信息沿着环按一定方向从一个节点传送到另一个节点。

环形网络的特点：

（1）广播通信方式：由信源站点发出信息，沿单方向经环路一周返回。

（2）传输时延确定：源点发出信息，在确定的时间内到达目的站点。

（3）引入优先机制，节点具有较高优先级，先发信息。

（4）可靠性差，从结构上看，一旦一个站点损坏，即断环、断网。

（5）灵活性差，不论增加或减少网络节点，都需要断开原环，造成网络中断。

环形网络的适用场合：局域网、单向传输、点到点方式，非常适用于光纤连接。

5. 网状形网络

网状形网络中每个节点至少有两条链路与其他节点相连，任何一条线路出现故障时，数据可经其他链路传输，可靠性较高。

网状形网络的特点：

（1）可靠性高：在任何节点之间，存在多条传输路径，所以网络的稳定性比较好。

（2）两级网络形式：通信子网和资源子网。

（3）可扩充性好：凡需入网的计算机只要连接到接口信息处理计算机上，各计算机之间通过通信子网进行通信。

网状形网络的适用场合：一般用在广域网中，是大型网络的基本部分。

三、按网络控制方式分类

1. 集中式计算机网络

集中式计算机网络有一个大型的中央系统，其终端是客户机，数据全部存储在中央系统，由数据库管理系统进行管理，所有的处理都由该大型系统完成，终端只是用来输入和输出。终端自己不做任何处理，所有任务都在主机上进行处理。

集中式计算机网络的主要特点是能把所有数据保存在一个地方，各地办公室的远程终端通过电缆同中央计算机（主机）相连，保证了每个终端使用的都是同一信息。备份数据容易，因为它们都存储在服务器上，而服务器是唯一需要备份的系统。这还意味着服务器是唯一需要安全保护的系统，终端没有任何数据。银行的自动提款机（ATM）采用的就是集中式计算机网络。另外，所有的事务都在主机上进行处理，终端也不需要软驱，所以网络感染病毒的可能性很低。这种类型的网络总费用比较低，因为主机拥有大量存储空间、功能强大的系统，而使终端可以使用功能简单而便宜的微机和其他终端设备。

这类网络不利的一面是来自所有终端的计算都由主机完成，这类网络处理速度可能有些慢。另外，如果用户有各种不同的需要，在集中式计算机网络上满足这些需要可能是十分困难的，因为每个用户的应用程序和资源都必须单独设置，而让这些应用程序和资源都在同一台集中式计算机上操作，使得系统效率不高。还有，因为所有用户都必须连接到一台中央计算机，集中连接可能成为集中式网络的一个大问题。由于这些限制，如今的大多数网络都采用了分布式和协作式网络计算模型。

2. 分布式计算机网络

分布式计算机网络中，数据的存储和处理都是在本地工作站上进行的。数据输出可以打印，也可保存在硬盘上。通过网络主要是得到更快、更便捷的数据访问。因为每台计算机都能够存储和处理数据，所以不要求服务器功能十分强大，其价格也就不必过于昂贵。这种类型的网络可以适应用户的各种需要，同时允许它们共享网络的数据、资源和服务。在分布式网络中使用的计算机既能够作为独立的系统使用，也可以把它们连接在一起得到更强的网络功能。分布式计算的优点是可以快速访问、多用户使用。每台计算机可以访问系统内其他计算机的信息文件；系统设计上具有更大的灵活性，既可为独立计算机的地区用户的特殊需求服务，也可为联网的企业需求服务，实现系统内不同计算机之间的通信；每台计算机都可以拥有和保持所需要的最大数据和文件；减少了数据传输的成本和风险。该计算机网络为分散地区和中心办公室双方提供更迅速的信息通信和处理方式，为每个分散的数据库提供作用域，数据存储于许多存储单元中，但任何用户都可以进行全局访问，使故障的不利影响最小化，以较低的成本来满足企业的特定要求。

分布式计算机网络的缺点：对病毒比较敏感，任何用户都可能引入被病毒感染的文件，并将病毒扩散到整个网络。备份困难，如果用户将数据存储在各自的系统上，而不是将它们存储在中央系统中，难于制订一项有效的备份计划。这种情况还可能导致用户使用同一文件的不同版本。同时，为了运行程序需要性能更好的 PC 机；要求使用适当的程序；不同计算机的文件数据需要复制；对某些 PC 机要求有足够的存储容量，形成不必要的存储成本；管理和维护比较复杂；设备必须要互相兼容。

四、按网络的交换方式分类

计算机网络按交换方式来看，可分为线路交换网络（Circuit Switching）、报文交换网络（Message Switching）和分组交换网络（Packet Switching），图 3-2-6 是三种交换网络的传输示意图。

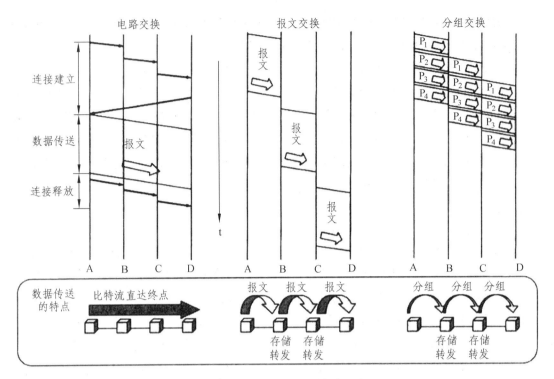

图 3-2-6　三种交换网络的传输示意图

1. 线路交换网络

计算机网络中的线路交换与电话交换方式的工作过程类似。线路交换的通信过程包括三个阶段：连接建立、数据传送、连接释放。这种交换方式的特点是：在一次信息传输的全过程中，发送方与接收方之间需要一直维持着一条专用的通信线路，不允许其他通信使用整个路径中的任何一段线路，且从信源端到目标端的直通路径建立时间长，一旦线路建立起来，信息传输延时短，适用于交互式信息传输，但不适用于突发性通信，系统效率低；同时，系统不具备存储数据的能力。

2. 报文交换网络

报文交换网络的工作方式为源（应用）发送信息整体（即报文）在网络中一站一站地发送到目的应用。其特点是不需在两个通信节点之间建立专用的通路，用户可随时发送报文。完成报文交换的路由器需要具有"存储"信息、"转发"信息的功能，即"存储-转发"功能。报文交换以完整报文进行"存储-转发"。报文交换的优点是不建立专用链路，但是线路利用率较低，这是由于数据进入交换节点后要经历存储、转发这一过程，从而引起转发时延，不适合传送实时或交互式业务的数据，而电子邮件系统适合采用报文交换方式。

3. 分组交换网络

分组交换网络是继线路交换网络和报文交换网络之后一种新型交换网络，它主要用于数据通信。分组交换是一种存储转发的交换方式，它将用户的报文划分成一定长度的分组，以分组为单位进行存储转发，因此，它比线路交换的利用率高，比报文交换的时延要小，而具有实时通信的能力。分组交换利用统计时分复用原理，将一条数据链路复用成多个逻辑信道，最终构成一条主叫、被叫用户之间的信息传送通路，称之为虚电路，实现数据的分组传送。

知识点四　计算机网络体系结构

计算机网络是个非常复杂的系统。为了说明这一点，可以设想一种最简单的情况：连接在网络上的两台计算机要互相传送文件。

显然，在这两台计算机之间必须有一条传送数据的通路。但这还远远不够。至少还有以下几项工作需要去完成：

（1）发起通信的计算机必须将数据通信的通路进行激活（activate）。所谓"激活"，就是要发出一些信令，保证要传送的计算机数据能在这条通路上正确发送和接收。

（2）要告诉网络如何识别接收数据的计算机。

（3）发起通信的计算机必须查明对方计算机是否已开机，并且与网络连接正常。

（4）发起通信的计算机中的应用程序必须弄清楚，在对方计算机中的文件管理程序是否已做好接收文件和存储文件的准备工作。

（5）若计算机的文件格式不兼容，则至少其中一台计算机应完成格式转换功能。

（6）对出现的各种差错和意外事故，如数据传送错误、重复或丢失，网络中某个节点交换机出现故障等，应当有可靠的措施保证对方计算机最终能够收到正确的文件。

由此可见，相互通信的两个计算机系统必须高度协调工作才行，而这种"协调"是相当复杂的。为了设计这样复杂的计算机网络，早在最初的 ARPANET 设计时即提出了分层的方法。"分层"可将庞大而复杂的问题，转化为若干较小的局部问题，而这些较小的局部问题就比较易于研究和处理。

1974 年,美国的 IBM 公司宣布了系统网络体系结构(System Network Architecture, SNA)。这个著名的网络标准就是按照分层的方法制定的。现在用 IBM 大型机构建的专用网络仍在使用 SNA。不久后，其他一些公司也相继推出自己公司的具有不同名称的体系结构。不同的网络体系结构出现后，使用同一个公司生产的各种设备都能够很容易地互联成网。这种情况显然有利于一个公司垄断市场。但由于网络体系结构的不同，不同公司的设备很难互相联通。

然而，全球经济的发展使得不同网络体系结构的用户迫切要求能够互相交换信息。为了使不同体系结构的计算机网络都能互联，国际标准化组织 ISO 于 1977 年成立了专门机构研究该问题。他们提出了一个试图使各种计算机在世界范围内互联成网的标准框架，即著名的开放系统互联基本参考模型 OSI/RM（ Open Systems Interconnection Reference Model ），简称为 OSI。"开放"是指非独家垄断的。因此，只要遵循 OSI 标准，一个系统就可以和位于世界上任何地方的、也遵循这同一标准的其他任何系统进行通信。这一点很像世界范围的有线电话和邮政系统，这两个系统都是开放系统。"系统"是指在现实的系统中与互联有关的各部分（我们知道，并不是一个系统中的所有部分都与互联有关。OSI/RM 把与互联无关的部分除外，而仅仅考虑与互联有关的那部分）。所以 OSI/RM 是个抽象的概念。1983 年，形成了开放系统互联基本参考模型的正式文件，即著名的 ISO7498 国际标准，也就是所谓的七层协议的体系结构。

OSI 试图达到一种理想境界，即全球计算机网络都遵循这个统一标准，因而全球的计算机将能够很方便地进行互联和交换数据。在 20 世纪 80 年代，许多大公司甚至一些国家的政府机构纷纷表示支持 OSI。当时看来似乎在不久的将来全世界一定会按照 OSI 制定的标准来构造自己的计算机网络。然而到了 20 世纪 90 年代初期，虽然整套 OSI 国际标准都已经制定出来了，但由于基于 TCP/IP 的互联网已抢先在全球相当大的范围成功地运行了，而与此同时却几乎找不到有什么厂家生产出符合 OSI 标准的商用产品。因此人们得出这样的结论：OSI 只获得了一些理论研究的成果，但在市场化方面则事与愿违地失败了。现今规模最大、覆盖全球、基于 TCP/IP 的互联网并未使用 OSI 标准。OSI 失败的原因可归纳为：

（1）OSI 的专家们缺乏实际经验，他们在完成 OSI 标准时缺乏商业驱动力；

（2）OSI 的协议实现起来过分复杂，而且运行效率很低；

（3）OSI 标准的制定周期太长，因而使得按 OSI 标准生产的设备无法及时进入市场；

（4）OSI 的层次划分不太合理，有些功能在多个层次中重复出现。

按照一般的概念，网络技术和设备只有符合有关的国际标准才能大范围地获得工程上的应用。但现在情况却反过来了。得到最广泛应用的不是法律上的国际标准 OSI，而是非国际标准 TCP/IP。这样，TCP/IP 就常被称为是事实上的国际标准。从这种意义上说，能够占领市场的就是标准。在过去制定标准的组织中往往以专家、学者为主。但现在许多公司都纷纷加入各种标准化组织，使得技术标准具有浓厚的商业气息。一个新标准的出现，有时不一定反映其技术水平是最先进的，而是往往有着一定的市场背景。

一、协议与划分层次

在计算机网络中要做到有条不紊地交换数据，就必须遵守一些事先约定好的规则。这些规则明确规定了所交换的数据的格式以及有关的同步问题。这里所说的同步不是狭义的（即同频或同频同相）而是广义的，即在一定的条件下应当发生什么事件（例如，应当发送一个应答信息），因而同步含有时序的意思。这些为进行网络中的数据交换而建立的规则、标准或约定称为网络协议（network protocol）。网络协议也可简称为协议。更进一步讲，网络协议主要由以下 3 个要素组成：

（1）语法，即数据与控制信息的结构或格式；

（2）语义，即需要发出何种控制信息，完成何种动作以及做出何种响应；

（3）同步，即事件实现顺序的详细说明。

由此可见，网络协议是计算机网络不可缺少的组成部分。实际上，只要我们想让连接在网络上的另一台计算机做点什么事情（例如，从网络上的某台主机下载文件），都需要有协议。但是当我们经常在自己的个人计算机上进行文件存盘操作时，就不需要任何网络协议，除非这个用来存储文件的磁盘是网络上的某个文件服务器的磁盘。

协议通常有两种不同的形式：一种是使用便于人来阅读和理解的文字描述；另一种是使用让计算机能够理解的程序代码。这两种不同形式的协议都必须能够对网络上的信息交换过程做出精确的解释。

计算机网络的各层及其协议的集合就是网络的体系结构（architecture）。换种说法，计算机网络的体系结构就是这个计算机网络及其构件所应完成的功能的精确定义。需要强调的是：这些功能究竟是用何种硬件或软件完成的，则是一个遵循这种体系结构的实现（implementation）的问题。体系结构的英文名词 architecture 的原意是建筑学或建筑的设计和风格。它和一个具体的建筑物的概念不相同。例如，我们可以走进一个明代的建筑物中，但却不能走进一个明代的建筑风格之中。同理，我们也不能把一个具体的计算机网络说成是一个抽象的网络体系结构。总之，体系结构是抽象的，而实现则是具体的，是真正在运行的计算机硬件和软件。

二、具有五层协议的体系结构

OSI 的七层协议体系结构［见图 3-2-7（a）］的概念清楚，理论也较完整，但它既复杂又不实用。TCP/IP 体系结构则不同，现在得到了非常广泛的应用。TCP/IP 是一个四层的体系结构［见图 3-2-7（b）］，它包含应用层、运输层、网际层和网络接口层（用网际层这个名字是强调这一层是为了解决不同网络的互联问题）。不过从实质上讲，TCP/IP 只有最上面的三层，因为最下面的网络接口层并没有什么具体内容。因此在学习计算机网络的原理时往往采取折中的办法，即综合 OSI 和 TCP/IP 的优点，采用一种只有五层协议的体系结构［见图 3-2-7（c）］，这样既简洁，又能将概念阐述清楚。有时为了方便，也可把最低下两层称为网络接口层。

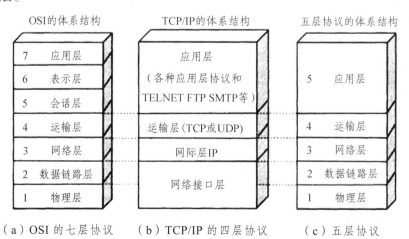

（a）OSI 的七层协议　（b）TCP/IP 的四层协议　（c）五层协议

图 3-2-7　计算机网络体系结构

现在结合互联网的情况，自上而下地、非常简要地介绍一下各层的主要功能。实际上，只有认真学习完本项目的协议后才能真正弄清各层的作用。

1. 应用层（application layer）

应用层是体系结构中的最高层。应用层的任务是通过应用进程间的交互来完成特定的网络应用。应用层协议定义的是应用进程间通信和交互的规则。这里的进程就是指主机中正在运行的程序。对于不同的网络应用，需要有不同的应用层协议。在互联网中的应用层协议很多，如域名系统 DNS、支持万维网应用的 HTTP 协议、支持电子邮件的 SMTP 协议等。我们把应用层交互的数据单元称为报文（message）。

2. 运输层（transport layer）

运输层的任务就是负责向两台主机中进程之间的通信提供通用的数据传输服务。应用进程利用该服务传送应用层报文。所谓"通用的"，是指并不针对某个特定网络应用，而是多种应用可以使用同一个运输层服务。由于一台主机可同时运行多个进程，因此运输层有复用和分用的功能。复用就是多个应用层进程可同时使用下面运输层的服务；分用和复用相反，是运输层把收到的信息分别交付上面应用层中的相应进程。

运输层主要使用以下两种协议：

① 传输控制协议 TCP（Transmission Control Protocol）：提供面向连接的、可靠的数据传输服务，其数据传输的单位是报文段（segment）。

② 用户数据报协议 UDP（User Datagram Protocol）：提供无连接的、尽最大努力（best-effort）的数据传输服务（不保证数据传输的可靠性），其数据传输的单位是用户数据报。

3. 网络层（network layer）

网络层负责为分组交换网上的不同主机提供通信服务。在发送数据时，网络层把运输层产生的报文段或用户数据报封装成分组或包进行传送。在 TCP/IP 体系中，由于网络层使用 IP 协议，因此分组也叫作 IP 数据报，或简称为数据报（注意：不要将运输层的"用户数据报 UDP"和网络层的"IP 数据报"弄混）。

网络层的另一个任务就是要选择合适的路由，使源主机运输层所传下来的分组，能够通过网络中的路由器找到目的主机。互联网是由大量的异构（heterogeneous）网络通过路由器（router）相互连接起来的。互联网使用的网络层协议是无连接的网际协议 IP（Internet Protocol）和许多种路由选择协议，因此互联网的网络层也叫作网际层或 IP 层。

4. 数据链路层（data link layer）

数据链路层常简称为链路层。两台主机之间的数据传输，总是在一段一段的链路上传送的，这就需要使用专门的链路层的协议。在两个相邻节点之间传送数据时，数据链路层将网络层交下来的 IP 数据报组装成帧（framing），在两个相邻节点间的链路上传送帧（frame）。每一帧包括数据和必要的控制信息（如同步信息、地址信息、差错控制等）。

在接收数据时，控制信息使接收端能够知道一个帧从哪个比特开始和到哪个比特结束。这样，数据链路层在收到一个帧后，就可从中提取出数据部分，上交给网络层。

控制信息还使接收端能够检测到所收到的帧中有无差错。如发现有差错，数据链路层就简单地丢弃这个出了差错的帧，以免继续在网络中传送下去白白浪费网络资源。如果需要改正数据在数据链路层传输时出现的差错（这就是说，数据链路层不仅要检错，而且要纠错），那么就要采用可靠的传输协议来纠正出现的差错。这种方法会使数据链路层的协议复杂些。

5. 物理层（physical layer）

在物理层上所传数据的单位是比特。发送方发送 1（或 0）时，接收方应当收到 1（或 0）而不是 0（或 1）。因此，物理层要考虑用多大的电压代表"1"或"0"，以及接收方如何识别出发送方所发送的比特。物理层还要确定连接电缆的插头应当有多少根引脚以及各引脚应如何连接。当然，解释比特代表的意思，就不是物理层的任务。请注意，传递信息所利用的一些物理媒体，如双绞线、同轴电缆、光缆、无线信道等，并不在物理层协议之内，而是在物理层协议的下面。因此也有人把物理层下面的物理媒体当作第 0 层。

在互联网所使用的各种协议中，最重要的和最著名的就是 TCP 和 IP 两个协议。现在人们经常提到的 TCP/IP 并不一定是单指 TCP 和 IP 这两个具体的协议，而往往是表示互联网所使用的整个 TCP/IP 协议族（protocol suite）。

【思考题】

1. 计算机网络的网络连接设备有哪些？它们的功能是什么？
2. 计算机网络的网络传输介质有哪些？它们的性能特点是什么？
3. 计算机网络按地理位置分为哪几类？
4. 计算机网络按拓扑结构分为哪几类？
5. 计算机网络按网络控制方式分为哪几类？
6. 计算机网络按交换方式分为哪几类？
7. 什么是计算机网络的体系结构？网络层次的模型有哪些？层次划分的原则是什么？

【实训项目】

1. 网线制作。
2. 建立局域网。

项目三　计算机输入/输出技术

计算机有各种用途，但不论用于何种场合，都离不开信息处理。所谓信息处理，甚至包括完成信息处理的程序本身,均要由输入设备提供;而处理后的结果数据,则要送给输出设备,以各种形式报告给用户。这些输入/输出设备统称为计算机的外部设备,简称外设或 I/O 设备。为了让这些外部设备按计算机的要求有次序地输入或接收数据,计算机的 CPU 还要能控制输入/输出设备启动或停止,以及了解它们的当前工作状态,并据此送出相应的控制命令。通常,我们把计算机与外设间的这种交换数据、状态和控制命令的过程统称为通信。

CPU 与外部设备交换信息的过程,和它与存储器交换数据类似,也是在控制信号的作用下通过数据总线来完成。但后者要简单得多,因为存储器芯片的存取速度与微处理器的时钟频率在同一数量级,而且存储器本身又具有数据缓冲的能力,因此,CPU 可以通过数据总线很方便地与存储器进行数据交换,但 CPU 与外部设备的数据交互要复杂得多。

知识点一　主机与外部设备的连接

计算机通过外围设备与外部世界通信或交换数据称为"输入/输出"。随着计算机性能的不断提高,输入/输出设备也更加复杂多样,当计算机用于监测与过程控制中时,还需要模/数转换器(ADC)和数/模转换器(DAC),以及 I/O 通道中一些专用设备。当要把这些外设与主机相连时,就需要配上相应的电路。

对于主机,接口提供外部设备的工作状态和数据;对于外部设备,接口电路寄存了主机发送给外部设备的命令和数据,使主机和外部设备之间协调一致地工作。主机与外部设备连接的示意图如图 3-3-1 所示。

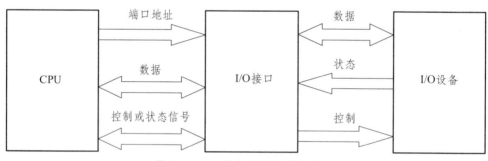

图 3-3-1　主机与外部设备的连接

知识点二　总线类型与总线标准

总线是一种数据通道,是在部件与部件之间、设备与设备之间传送信息的一组公用信号线。在主控设备(部件与设备)的控制下,将发送设备(部件和设备)发出的信息准确地传送给某个接收设备(部件与设备)。总线的一个很重要的特征是传输媒质由总线上的所有部件所共享,可以将计算机系统内的多种部件连接到总线上。通常总线是由多条通信路径或线路组成的,而每一条信号线仅能传送二进制的 0 或 1 信号。

一、总线标准的特性

总线标准有以下 4 个特性：

1. 物理特性

物理特性指的是总线物理连接的方式，包括总线的根数、总线的插头、插座是什么形状、引脚是如何排列等。例如，IBM PC/XT 机的总线共有 62 根线，分两排编号，当插件板插到槽中后，左面是 B 面，A 面是元件面。

2. 功能特性

功能特性描写的是这一组总线中每一根线的功能是什么。从功能上看，总线分成 3 组：地址总线、数据总线和控制总线。地址总线的宽度指明了总线能够直接访问存储器的地址范围。数据总线的宽度指明了访问一次存储器或外部设备最多能够交换数据的位数。控制总线一般包括 CPU 与外界联系的各种控制命令。

3. 电气特性

电气特性定义每一根线上信号的传递方向，即有效电平范围。一般规定送入 CPU 的信号叫 IN（输入信号），从 CPU 送出的信号叫 OUT（输出信号）。

4. 时间特性

时间特性定义了每根线上的信号在什么时间有效。

二、总线分类

根据总线的不同使用层次，总线可以分为以下几类：

1. 内部总线

内部总线是微处理器内部各个部件之间传送信息的通路。由于制造芯片的面积和芯片引脚的限制，内部总线有的采用单总线结构，有利于集成度及成品率提高。有的微处理器内部采用双总线或三总线结构，有利于内部数据传送速度加快。内部总线是由微处理器芯片厂家生产设计的。

2. 元件级总线

元件级总线是连接计算机系统中两个主要部件的总线。元件级总线包括地址总线、数据总线和控制总线三种。

地址总线：是 CPU 用来向存储器或 I/O 端口传送地址的，是三态单向总线。地址总线的位数决定了 CPU 可直接寻址的内存容量。16 位微型机的地址总线是 20 位，最大寻址范围为

1 MB。32 位微型机的地址总线是 32 位，可寻址空间达 4 GB。

数据总线：是 CPU 与存储器及外设交换数据的通路，是三态双向总线，为 8 位、16 位、32 位、64 位等。Intel 8088 CPU 内部字长为 16 位，外部数据总线为 8 位，称为准 16 位微处理器。

控制总线：是用来传输控制信号的，传送方向就具体控制信号而定，如 CPU 向存储器或 I/O 接口电路输出读信号、写信号、地址有效信号，而 I/O 接口部件向 CPU 输入复位信号、中断请求信号和总线请求信号等。控制总线宽度是根据系统需要确定的，一般为 8 位。

3. 系统总线

系统总线是微处理机机箱内的底板总线，用来连接构成微处理机的各个插件板。在 80×86 系列微机系统中，使用的系统总线主要有下列几种：

（1）ISA 总线：工业标准体系结构总线。ISA 总线是由 IBM 公司推出的 16 位标准总线，它由 8 位的 PC 总线扩展而来，数据传输率为 8 MB/s，主要用于 IBMPC/XT、AT 及兼容机上，也可用在 80836/80486 机上。

（2）EISA 总线：扩展工业标准体系结构总线。EISA 总线是由 COMPAQ、HP、AST 等多家公司联合推出的 32 位标准总线，时钟频率为 8 MHz，数据传输率为 33 MB/s，用于 32 位微机。

（3）VESA 总线：由视频电子标准协会联合多家公司推出的全开放通用局部总线。VESA 总线是 32 位标准总线，数据传输速率为 133 MB/s，时钟频率为 33 MHz，适用于 80486 微机。

（4）PCI 总线：外设互联局部总线。PCI 总线是 Intel 公司推出的 32/64 位标准总线。数据传输速率为 132 MB/s，适用于 Pentium 微型计算机。PCI 总线是同步且独立于微处理器的，具有即插即用的特性。PCI 总线允许任何微处理器通过桥接口连接到 PCI 总线上。

（5）PCI Express 总线：最新的总线和接口标准，是由 Intel 提出的下一代系统总线标准。PCI Express 采用了目前业内流行的点对点串行连接，比起 PCI 以及更早时期的计算机总线的共享并行架构，每个设备都有自己的专用连接，而不需要向整个总线请求带宽，并且可以把数据传输速率提高到一个很高的频率，达到 PCI 所不能提供的高带宽。相对于传统 PCI 总线在单一时间周期内只能实现单向传输，PCI Express 的双/单工连接，能够提供更高的传输速率和质量。PCI-E 的接口根据总线位宽不同而有所差异，常用的包括 X1、X4、X8 以及 X16。PCI-E 规格支持从 1～32 条通道连接，有非常强的伸缩性，以满足不同系统设备对数据传输带宽不同的需求。它的时钟频率为 100 MHz，传输速度为 250 MB/s（X1）或者 4 GB/s（X16）。

4. 外部总线

外部总线用于微处理机系统与系统之间、系统与外部设备之间的信息通路。这种总线数据的传送方式有并行方式和串行方式。例如，串行通信的 EIR-RS232 总线、连接仪器仪表的 IEEE-488 总线等。

三、总线结构

随着微型计算机的发展，总线的结构从面向系统的单总线结构发展到面向存储器的双总线结构。

1. 单总线结构

单总线结构系统的内部存储器和 I/O 接口均挂在单总线上。CPU 与主存、CPU 与 I/O 接口、存储器与 I/O 接口及各个 I/O 接口之间的信息传送都通过总线进行。单总线结构的优点是控制简单，易于扩充系统配置 I/O 设备，但是由于系统所有的部件和设备都连在一组总线上，总线只能分时工作，因而使数据传输量受限。

2. 面向 CPU 的双总线结构

面向 CPU 的双总线结构，是在 CPU 和主存储器之间、CPU 与 I/O 设备之间分别设置一组总线。双总线结构通过存储总线使 CPU 对主存储器进行读/写操作，而 CPU 与 I/O 设备之间的信息交换通过输入/输出总线，这样提高了微机系统的数据传送效率。双总线结构的缺点是外设与主存之间没有直接通路，要通过 CPU 进行信息交换，降低了 CPU 的工作效率。

3. 面向主存储器的双总线结构

面向主存储器的双总线结构结合了以上两种总线结构的特点，所有的部件和设备均挂到总线上，可以通过总线交换信息，同时又在 CPU 与主存储器之间增加了一组高速存储总线，使 CPU 与主存之间可直接高速交换信息。这种结构提高了总线的标准信息传送效率，同时也不降低 CPU 的工作效率，通常在 80826 以上微型计算机中采用面向主存储器的双总线结构。

知识点三 接口功能

接口电路是专门为解决 CPU 与外设之间的不匹配，不能协调工作而设置的，它处在总线与外设之间，一般应具有以下基本功能。

1. 设置数据缓冲以解决两者速度差异所带来的不协调问题

CPU 和外设间速度不协调的问题可以通过设置数据缓冲来解决，也就是事先把要传送的数据准备好，在需要的时刻完成传送。经常是用锁存器和缓冲期，并配以适当的联络信号来实现这种功能。

当高速的 CPU 要将数据传送到低速的外设时，实现可把数据送到锁存器中锁住，等外设做好接收数据的准备工作后再把数据取走。反之，若外设要把数据送到 CPU 去，也可先把数据送进输入寄存器（它也是一种锁存器），再发联络信号通知 CPU 来取走数据。在输入数据时，多个外设不允许同时把数据送到数据总线上，以免引起总线竞争而毁坏总线。为此，必须在输入寄存器和数据总线之间放一个缓冲器，只有 CPU 发出的选通命令到达时，特定的输入缓冲器才被选通，外设送来的数据才抵达数据总线。

2. 设置信号电平转换电路

外设与 CPU 之间信号电平的不一致问题，可通过在接口电路中设置电平转换电路来解决。

3. 设置信号转换逻辑以满足对各自格式的要求

由于外设传送的信息可以是模拟量，也可以是数字量或开关量，而计算机只能处理数字信号，因此，模拟量必须经模/数转换变换成数字量后，才能送到计算机去处理。而计算机送出的数字信号也必须经数/模转换变成模拟信号后，才能驱动某些外设工作。于是，就要用包含 A/D 转换器和 D/A 转换器的模拟接口电路来完成这些功能。至于开关量，可以有两种状态，如开关的闭合和断开、阀门的打开和关闭等，也要被转换成用 0 或 1 表示的一位数字量后，才能被计算机识别或接受它的控制。

虽然大部分外设适用的都是数字量，但是当它们与计算机通信时，仍然存在信号的转换问题。因为计算机的数据总线传送的通常是 8 位或 16 位的并行数据，而有些外设采用串行方式传送数据，所以必须将 CPU 送出的并行数据，经并变串电路转换成串行信息后，才能送给串行外设。反之，串行设备的数据，也必须经串变并的转换后才能送给 CPU。即使是使用并行数据的外设，其数据长度和数据格式也可能与主机不同，因而也需要进行数据格式的转换。这些工作均由专门的接口电路来完成。

4. 设置时序控制电路来同步 CPU 与外设的工作

接口电路接收 CPU 送来的命令或控制信号、定时信号，实施对外设的控制与管理。外设的工作状态和应答信号也通过接口及时返回给 CPU，以握手联络信号来保证主机和外部 I/O 操作实现同步。

5. 提供地址译码电路

CPU 要与多个外设打交道，一个外设又往往要与 CPU 交换几种信息，因而一个外设接口中通常包含若干个端口，而在同一时刻，CPU 只能与某一个端口交换信息。外设端口不能长期与 CPU 相连，只有被 CPU 选中的设备才能接收数据总线上的数据，或将外部信息送到数据总线上。这就需要有外设地址译码电路，使 CPU 在同一时刻只能选中某一个 I/O 端口。

此外，在接口电路中还有输入/输出控制、读/写控制及中断控制等逻辑。当然，并不是所有接口都具备上述全部功能，所控制的外设不同，接口电路的功能可能不完全一样。

因此，I/O 接口电路是外设和计算机之间传送信息的交接部件，它使两者之间能很好地协调工作，每一个外设都要通过接口电路才能和主机相连。随着大规模集成电路技术的发展，出现了许多通用的可编程接口芯片，可用它们来方便地构成接口电路。

知识点四　数据传送控制方式

在计算机的操作过程中，最基本和使用最多的操作是数据传送。微机系统中，数据主要在 CPU、存储器和 I/O 接口之间传送。在数据传送过程中，关键问题是数据传送的控制方式，微机系统中数据传送的控制方式主要有程序控制传送方式和 DMA（直接存储器存取）传送方式。

一、程序控制传送方式

程序控制的数据传送方式分为无条件传送方式、查询传送方式和中断传送方式。

1. 无条件传送方式

无条件传送方式又称为"同步传送方式"，主要用于外设的定时是固定的且已知的场合，外设必须在微处理器限定的指令时间内把数据准备就绪，并完成数据的接收或发送。通常采用的方法是：把 I/O 指令插入程序中，当程序执行到该 I/O 指令时，外设必须已为传送的数据做好准备，在此指令时间内完成数据的传送任务。无条件传送是最简单的传送方式，它所需要的硬件和软件都较少。

2. 查询传送方式

查询传送方式又称为"异步传送方式"。当 CPU 同外设工作不同步时，很难确保 CPU 在执行输入操作时，外设的数据一定是"准备好"的；而在执行输出操作时，外设寄存器一定是"空"的。为了确保数据传送的正确进行，便提出了查询传送方式。当采用这种传送方式时，CPU 必须先对外设进行状态测试。完成一次传送过程的步骤如下：

（1）通过执行一条输入指令，读取所选外设当前的状态。

（2）根据该设备的状态决定程序的去向，如果外设正处于"忙"或"未准备就绪"，则程序转回重复检测外设的状态；如果外设处于"空"或"准备就绪"，则发出一条输入/输出指令，进行一次数据传送。

查询传送方式的优点是安全可靠，用于接口的硬件较省；缺点是 CPU 必须循环等待外设准备就绪，导致效率不高。

3. 中断方式

1）中断方式的基本概念

中断是指计算机执行现行程序的过程中，出现某些急需处理的异常情况和特殊请求，使得 CPU 暂时终止现行程序，而转去对随机发生的更紧迫的事件进行处理，在处理完毕后，CPU 将自动返回原来的程序继续执行。

这种中断就是通常所说的外部中断。但是随着计算机体系结构不断更新换代和应用技术的日益提高，中断技术发展的速度也是非常迅速的，中断的概念也随之延伸，中断的应用范围也随之扩大。除了传统的外围部件引起的硬件中断外，又出现了内部的软件中断概念。

外部中断和内部终端构成了一个完整的中断系统。发出中断请求的来源非常多，不管是外部事件而引起的外部中断，还是由软件执行过程而引发的内部软件中断，凡是能够提出中断请求的设备或异常故障，均被称为中断源。

2）中断处理

不同类型的计算机系统的中断系统有所不同，但实现中断的过程是相同的。中断处理过程一般有以下几步：中断请求、中断响应、中断处理、中断返回。

（1）中断请求。

中断请求是指中断源向 CPU 发送中断请求信号。

① 内中断和外中断。

中断源是请求 CPU 中断的设备或事件，一台计算机允许有多个中断源。根据中断源的类别，可把中断源分为内中断和外中断两种。

每一个中断源向 CPU 发送中断请求的时间是随机的。为了记录中断时间并区分不同的中断源，中断系统需对每个中断源设置中断请求标记触发器 INTR，当其状态为"1"时，表示中断源有请求，这些触发器可组成中断请求标记寄存器，该寄存器可集中在 CPU 中，也可以分散在各种中断源中。

外中断是指来自处理器和内存以外的部件引起的中断，包括 I/O 设备发出的 I/O 中断、外部信号中断（如用户按<ESC>键），以及各种计时器引起的时钟中断等。外中断在狭义上一般被称为中断。

内中断主要指在处理器和内存内部产生的中断，包括程序运算引起的各种错误，如地址非法、检验错、页面失效、存储访问控制错、算术操作溢出、数据格式非法、除数为 0、非法指令、用户程序执行特权指令、分时操作系统中的时间片中断以及用户态到核心态的切换等。

② 硬件中断和软件中断。

硬件中断：通过外部的硬件产生的中断。硬件中断属于外中断。

软件中断：通过某条指令产生的中断。这种中断可以编程实现，软件中断属于内中断。

③ 非屏蔽中断和可屏蔽中断（全是外中断）。

非屏蔽中断：一种硬件中断，此种中断通过不可屏蔽中断请求 NMI 控制，不受中断标志位 IF 的影响，即使关中断（IF = 0）的情况下也会被响应。

可屏蔽中断：也是一种硬件中断，此种中断通过中断请求标记触发器 INTR 控制，且受中断标志位 IF 的影响，在关中断情况下不接收中断请求。

（2）中断判优。

中断系统在任意瞬间只能响应一个中断源的请求，由于许多中断源提出中断请求的时间都是随机的，因此当多个中断源同时提出请求时，需通过中断判优逻辑确定哪个中断源的请求，如故障中断的优点级较高，然后是 I/O 中断。

中断判优既可以用硬件实现，也可以用软件实现。硬件实现是通过硬件排队器实现的，它既可以设置在 CPU 中，也可以分散在各个中断源中，软件实现是通过查询程序实现的。

一般来说，硬件故障中断属于最高级，其次是低速设备，输入设备优于输出设备，实时设备低于普通设备。

（3）CPU 响应中断的条件。

CPU 在满足一定的条件下响应中断源发出的中断请求，并经过一些特定的操作，专区执行中断服务程序。

条件如下：

① 中断源有中断请求。

② CPU 允许中断及开中断。

③ 一条指令执行完毕，没有更紧迫的任务。

I/O 设备的就绪时间是随机的，而 CPU 是在统一的时刻即每条指令执行阶段结束前后，接口发出中断查询信号，以获取 I/O 的中断请求，也就是说，CPI 响应中断的时间是在每条执行阶段的结束时刻。这里说的中断仅指外中断，内中断不属于此类情况。

（4）中断处理过程。

① 关中断。处理器响应中断后，首先要保护程序的现场状态，在保护现场的过程中，CPU 不应该响应更高级中断源的中断请求。否则，如果现场保存不完整，在中断服务程序结束后，就不能正确地恢复并继续执行现行程序。

② 保存断点。为了保证中断服务程序执行完毕后正确地返回到原来的程序，必须将原来程序的断点保存起来。断点可以压入堆栈，也可以存入主存的特定单元中。

③ 引出中断服务程序。取出中断服务程序的入口地址（中断向量）并传送给程序计数器（PC）。

通常由两种方法寻址中断服务程序的入口地址：硬件向量法和软件查询法。

硬件向量法是通过引荐产生中断向量地址，再由中断向量地址找到中断服务的入口地址；软件查询法是用软件编程的办法找到入口地址。

注意：硬件产生的实际是中断类型号。而中断服务程序后首先要保存现场，现场信息一般指的是程序状态字、中断屏蔽寄存器和 CPU 中某些寄存器的内容。

④ 保护现场和屏蔽字。进入中断服务程序后首先要保存现场，现场信息一般指的是程序状态字、中断屏蔽寄存器和 CPU 中某些寄存器的内容。

⑤ 开中断。这将允许更高级中断请求得到响应，实现中断嵌套。

⑥ 执行中断服务程序。这是中断系统的核心。

⑦ 关中断。保证在恢复现场和屏蔽字时不被中断。

⑧ 恢复现场和屏蔽字。将现场和屏蔽字恢复到原来的状态。

⑨ 开中断、中断返回。中断服务程序的最后一条指令通常是一条中断返回指令，使其返回到源程序的断点处，以便继续执行远程序。

其中，①~③在 CPU 进入中断周期后，由中断隐指令（硬件自动）完成；④~⑨由中断服务程序完成。

二、DAM 传送方式

DMA 传送方式，也称为成组数据传送方式，有时也称为直接内存操作。DMA 传送方式主要适用于一些高速的 I/O 设备。这些设备传输字节或字的速度非常快，对于这类高速 I/O 设备，如果用输入/输出指令或采用中断的方式来传输字节信息，会大量占用 CPU 的时间，通知也容易造成数据的丢失。而 DMA 传送方式能使 I/O 设备直接和存储器进行成批数据的快速传送。

在实现 DMA 传输时，是由 DMA 控制器直接掌管总线，因此，存在一个总线控制权的问题，即 DMA 传输前，CPU 要把总线控制权交给 DMA 控制器，而在结束 DMA 传输后，DMA 控制器应立即把总线控制权再交回给 CPU。

一个完整的 DMA 传输过程必须经过下面 4 个步骤：

（1）DMA 请求。CPU 对 DMA 控制器初始化，并向 I/O 接口发出操作命令，I/O 接口提出 DMA 请求。

（2）DMA 响应。DMA 控制器对 DMA 请求判别优选级及屏蔽，向总线裁决逻辑提出总线请求。当 CPU 执行完当前总线周期即可释放总线控制权。此时，总线裁决逻辑输出总线应答，表示 DMA 已经响应，通过 DMA 控制器通知 I/O 接口开始 DMA 传输。

（3）DMA 传输。DMA 控制器获得总线控制权后，CPU 即刻挂起或只执行内部操作，由 DMA 控制器输出读写命令，直接控制 DMA 与 I/O 接口进行 DMA 传输。

（4）DMA 结束。当完成规定的成批数据传送后，DMA 控制器即释放总线控制权，并向 I/O 接口发出结束信号。当 I/O 接口收到结束信号后，一方面停止 I/O 设备的工作，另一方面向 CPU 提出中断请求，使 CPU 从不介入的状态解脱，并执行一段检查本次 DMA 传输操作正确性的代码。最后，带着本次操作结果及状态继续执行原来的程序。

由此可见，DMA 传输方式无须 CPU 直接控制传输，也没有中断处理方式那样保留现场和恢复现场的过程，通过硬件为 RAM 与 I/O 设备开辟一条直接传送数据的通路，使 CPU 的效率大为提高。

【思考题】

1. 什么是总线？
2. 微型计算机中的总线通常分为哪几类？各有什么特点？
3. 总线的性能指标有哪些？
4. 数据传送的控制方式有哪些？

项目四　数据通信系统

通信是推动人类社会进步和经济发展的巨大动力。进入 21 世纪以来，随着人工智能、软件无线电、微电子、互联网、光通信、移动通信和量子通信等技术的进步，通信正朝着智能化、软件化、集成化、综合化、宽带化、泛在化和高安全性的方向飞速发展。

知识点一　通信基本概念

广义上，通信是指需要信息的双方或多方在不违背各自意愿的情况下采用任意方法、任意媒质，将信息从某一方准确安全地传送到另一方。身体、眼神、手势、山石、树木、语言、文字、电磁波、声波、光量子等都可以用于传送信息。

狭义上，通信就是信息的传输与交换，即信息的传递。

信息是消息中包含的有意义的内容。消息是对事件的具体描述，消息可以是一组有序符号序列，如状态、字母、文字或数字等，也可以是连续时间函数，如语音、图像或视频等，前者称为离散消息，后者称为连续消息。信号是消息得到的具体物理表现形式，如声信号、光信号和电信号。因此，消息和信号是信息的载体，信息是消息的内涵。通信过程中需要考虑如何传递信息、如何度量信息、信息传递给谁以及谁来传递信息等问题。

知识点二　通信系统

传递信息所需的一切设备的总和称为通信系统，通信系统的一般模型如图 3-4-1 所示。一个基本的通信系统由信源、发送设备、信道、接收设备和信宿五部分构成。

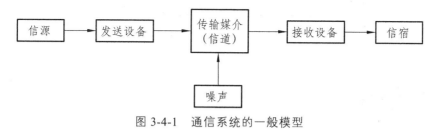

图 3-4-1　通信系统的一般模型

一、信源与信宿

信源是指产生或发出消息的人或机器，是信息的发送者。信宿是指接收消息的人或机器，是信息的接收者。信息通过信号承载。根据输出信号的性质不同，信源可以分为模拟信源和数字信源。模拟信源输出特征值取值连续的信号即模拟信号。数字信源输出特征值取值离散的信号即数字信号。数字信号和模拟信号有明显区别，但在一定条件下可以相互转换。

模拟信号的特点是信号特征值取值连续，可以有无线多种可能取值，从图 3-4-2（a）波形可以看出，此信号在波形上是连续的；图 3-4-2（b）是对图 3-4-2（a）波形的抽样信号，信号波形每间隔 T_s 时间被抽样一次，因此抽样后的波形在时域上是离散的，但幅度仍然具有无限多种可能的取值，是一个时域离散的模拟信号。

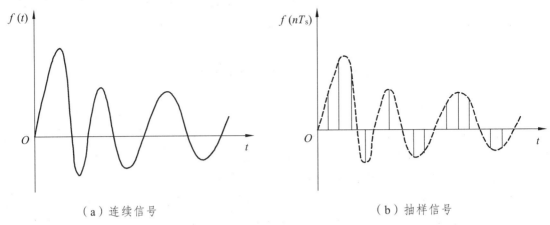

（a）连续信号　　　　　　　　　　　（b）抽样信号

图 3-4-2　模拟信号示例

数字信号要求信号的特征值取值为无限多个。如图 3-4-3 中的二进制码，信号的取值只有两个可能的幅度值，即 0 或 1。

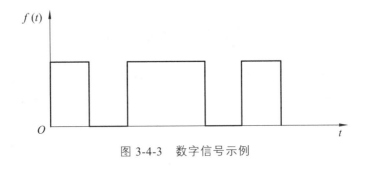

图 3-4-3　数字信号示例

二、发送设备

发送设备的作用是产生适合于在信道中传输的信号，使发送信号的特性与传输媒介相匹配，将信源产生的信号变换为便于传输的形式。变换的方式是多种多样的，如信号的放大、滤波、编码、调制和混频等，发送设备还包括为达到某些特殊的要求而进行的各种处理，如多路复用、保密处理和纠错编码等。

三、传输媒介

信道是指传输信号的通道，是从发送设备到接收设备之间信号传递所经过的媒介，可以是有线信道，如明线、双绞线、同轴电缆或光缆，也可以是无线信道。信道既给信号以传输通道，也会对信号带来各种干扰和噪声，信道的固有特性和干扰直接关系到通信质量。

四、接收设备

接收设备的基本功能是完成发送过程的反变换，即将信号放大并进行滤波、解调、检测和译码等，其目的是从带有噪声和干扰的信号中正确恢复出发送端发送的原始信息。对于多路复用信号，采用多路解复用处理，实现正确分路功能；此外，在接收设备中，还需要尽可能减小在传输过程中噪声与干扰带来的影响。

以上所述是一个单向的通信系统。很多情况下，信源兼为信宿，通信的双方需要交互信息，因而要求实现双向通信。电话就是一个典型的双向通信的例子。在双向通信系统中，通信双方都要求有发送设备和接收设备，如果两个方向有各自的传输媒介，则双方可以独立进行发送和接收。但若使用同一传输媒介，则通常采用频率、时间或其他分割方法来共享信道资源。此外，通信系统除了要进行信息传递之外，还必须实现信息的交换。传输系统和交换系统共同构成一个完整的通信系统。

知识点三　模拟通信系统

模拟通信系统是利用模拟信号来传递信息的通信系统，典型的模拟通信系统中有中波/短波无线电广播、模拟电视广播、调频立体声广播和模拟移动通信等。虽然目前的通信技术是以数字通信为主，但是在实际应用中还存在着一些模拟通信系统，而且模拟通信是数字通信的基础。模拟通信系统的组成如图 3-4-4 所示。

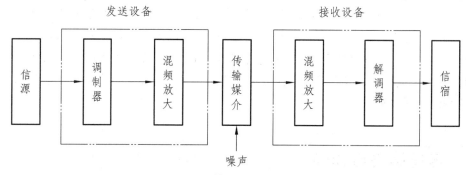

图 3-4-4　模拟通信系统组成

调制器是模拟通信系统的核心组成部分，它对于通信系统的性能具有重要影响。模拟调制时，通常利用调制信号来控制载波的振幅、频率或相位，以利于信号的传输。如在中波无线电广播中，载波的振幅就跟随音频节目信号的电平而发生变化，收音机从接收到的中波信号检测出这种幅度的变化就能够重现音频信号。在多数模拟调制无线通信系统中，调制一般在中频进行，调制后产生的已调信号还需要经过混频放大实现上变频，将信号搬移到射频后经过天线发射出去。接收端将从信道中接收到的信号进行混频放大实现下变频，在中频进行信号的调解。

知识点四 数字通信系统

数字通信系统的组成如图 3-4-5 所示。数字通信系统包括信源编码与译码、信道编码与译码、加密和解密、数字调制和解调、信道和同步等模块。

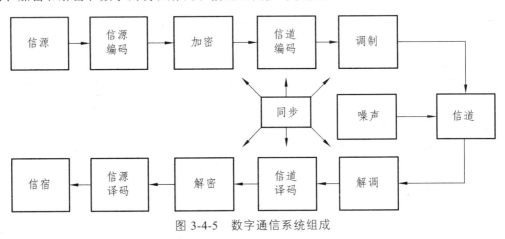

图 3-4-5 数字通信系统组成

一、信源编码与译码

信源编码主要完成模拟信号的数字化。如果信源产生的信号是模拟信号，首先需要对模拟信号进行数字化，然后才能在数字通信系统中传输。模拟信号的数字化包括抽样、量化和编码 3 个过程，数字电话系统中话音信号的脉冲编码调制（PCM）就是一个典型的模拟信号数字化实例。信源编码的另外一个功能就是通过压缩编码来提高信息的传输效率。如数字电话系统中采用 PCM 编码的单路话音的信息速率为 64 kb/s，而压缩编码后单路话音的速率可以降低到 32 kb/s 或更低，这样就可以在信道带宽一定的情况下提高传输的话音路数。信源译码是信源编码的逆过程。

二、信道编码与译码

信道编码的目的是为了增强信息传输的可靠性。由于信号在信道传输时受到噪声和干扰的影响，接收端恢复数字信息时可能会出现差错，为了减小接收信息的差错概率，信道编码器对传输的信息按照一定的规则进行差错控制编码，接收端的信道译码器按照相应的逆规则进行信道译码，从而实现纠错或检错。在计算机系统中广泛适用的奇偶校验码就是一种简单的差错控制编码方式，它具有 1 bit 的检错能力。

三、加密与解密

为了保证信息传输的安全性，按照一定的规则将要传输的信号加上密码，即加密。接收端对接收到的数字序列解密，恢复明文信息。在需要保证信息传输的私密性的场合通常需要有加密和解密模块，它在军事通信中被广泛采用。

四、数字调制和解调

基本数字调制方式有幅移键控、频移键控和相移键控。在接收端可以采用相干解调或非相干解调的方法进行信号的解调，此外，还有在基本调制方式基础上发展起来的其他数字调制方式，如正交幅度调制，最小频移键控等。

五、同 步

同步是使收发两端的信号在时间上保持步调一致，这是保证数字通信系统有序、准确和可靠工作的前提条件。按照同步的不同作用，可以将同步分为载波同步、位同步、帧同步和网同步。同步分散在系统的各个部分，如位同步主要在调制和基带处理部分，而帧同步通常处在调制解调之后。

目前，模拟通信和数字通信都已得到了广泛应用。数字通信已成为当今通信技术发展的主流。与模拟通信相比，数字通信具有以下优点：

1. 抗干扰能力强，且中继传输过程中不存在噪声积累

在数字通信系统中，接收端的目标不是精确地还原所传输的信号波形，而是从受到噪声污染的信号中判断发送端发送的是哪一个波形。以二进制数字通信系统为例，信道上传输的信号波形有两种可能性，分别对应二进制信息 1 和 0，接收端通过判断收到的是哪一种信号波形来恢复所传输的二进制信息。在数字微波中继通信系统中看，各个中继站可以采用再生式中继转发，在多级中继转发过程中信号噪声不积累。而在模拟微波中继传输系统中，要求接收机能够以尽量小的失真度重现原信号波形，每一级微波中继站不仅将信号进行了放大，同时还将前面每一级中继站的带内噪声也同时进行了放大，噪声是逐级积累的。最终积累的噪声将限制信号传输所能经过的中继站的数量。

2. 传输差错可控

在数字通信系统中，可以通过信道编码技术进行检错和纠错，降低误码率，提高信息传输的可靠性。

3. 便于用现代数字信号处理技术对数字信息进行处理、交换和存储

采用数字信号处理技术能够实现信道编/译码、数字基带信号频谱成型、同步、信号复用/解复用等功能，可以采用集成电路来实现通信信号处理。

4. 易于集成化和小型化，使通信设备小型化、功耗低、质量轻

数字通信大量采用大规模集成电路技术，可以极大地减小通信设备的功耗和体积。

5. 易于进行加密处理，且保密性高

数字通信系统也存在着不足，一般比模拟通信系统需要占用更大的传输带宽。另外，数字通信系统对同步的要求使实现的复杂度一般比模拟通信系统高。

知识点五 数据通信系统

数据通信通常是以传送数据信息为主的通信。数据通信传送数据的目的不仅是为了交换，而主要是为利用计算机能够对数据进行处理。

依照通信协议，利用数据传输和交换技术在两个功能单元之间传输数据信息，它可以实现计算机与计算机、计算机与终端以及终端与终端之间的数据信息传递。它通过数据电路将分布在远端的数据终端设备与中央计算机系统连接起来，实现数据的传输、交换、存储和处理功能。

典型的数据通信系统模型由数据终端设备、数据电路和计算机系统三部分组成，如图3-4-6所示。

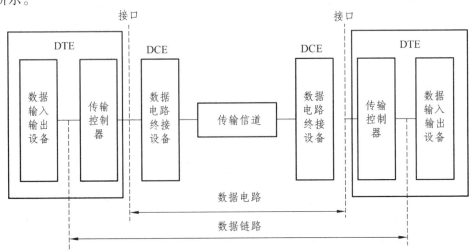

图 3-4-6 数据通信系统模型

1. 数据终端设备（DTE）

在数据通信系统中,用于发送和接收数据的设备称为数据终端设备(简称 DTE)。DTE 可能是大、中、小型计算机,也可能是一台只接收数据的打印机,所以说 DTE 属于用户范畴,其种类繁多,功能差别较大。从计算机和计算机通信系统的观点来看:终端是输入/输出的工具;从数据通信网络的观点来看:计算机和终端都称为网络的数据终端设备,简称终端。

2. 数据电路终接设备（DCE）

用来连接 DTE 与数据通信网络的设备称为数据电路终接设备（DCE）,该设备为用户设备提供入网的连接点。DCE 的功能就是完成数据信号的变换。因为传输信道可能是模拟的,也可能是数字的,DTE 发出的数据信号不适合信道传输,所以要把数据信号变成适合信道传输的信号。利用模拟信道传输,要进行"数字→模拟"变换,方法就是调制;而接收端要进行反变换,即"模拟→数字"变换,这就是解调。实现调制与解调的设备称为调制解调器（MODEM）。因此,调制解调器就是模拟信道的数据电路终接设备。在利用数字信道传输信号时不需调制解调器,但 DTE 发出的数据信号也要经过某些变换才能有效而可靠地传输,对应的 DCE 即数据服务单元（DSU）,其功能是码型和电平的变换,信道特性的均衡,同步时钟信号的形成,控制接续的建立、保持和拆断（指交换连接情况）,维护测试等。

3. 数据电路和数据链路

数据电路指的是在线路或信道上加信号变换设备之后形成的二进制比特流通路,它由传输信道及其两端的数据电路终接设备（DCE）组成。如果传输信道为模拟信道,DCE 通常就是调制解调器（MODEM）,它的作用是进行模拟信号和数字信号的转换;如果传输信道为数字信道,DCE 的作用是实现信号码型与电平的转换,以及线路接续控制等。

传输信道除有模拟和数字的区分外,还有有线信道与无线信道、专用线路与交换网线路之分。交换网线路要通过呼叫过程建立连接,通信结束后再拆除;专线连接由于是固定连接,所以无须上述呼叫建立与拆线过程。计算机系统中的通信控制器用于管理与数据终端相连接的所有通信线路。中央处理器用来处理由数据终端设备输入的数据。

数据链路是在数据电路已建立的基础上,通过发送方和接收方之间交换"握手"信号,使双方确认后方可开始传输数据的两个或两个以上的终端装置与互联线路的组合体。所谓"握手"信号,是指通信双方建立同步联系,使双方设备处于正确的收发状态、通信双方相互核对地址等。加了通信控制器以后的数据电路称为数据链路。可见,数据链路包括物理链路和实现链路协议的硬件和软件。只有建立了数据链路之后,双方 DTE 才可真正有效地进行数据传输。但要注意的是:在数据通信网中,DTE 仅仅操作于相邻的两个节点之间,因此从一个DTE 到另一个 DTE 之间的连接可以操作多段数据链路。

知识点六　通信系统主要性能指标

从信息传输的角度来说，有效性、可靠性和安全性是通信系统性能指标需要重点考虑的方面。

有效性是指传输一定信息所占用的资源（如功率、带宽、时间和码长等）多少；可靠性是指接收信息的准确程度；安全性是指信息传输的保密性，以及抗窃听和抗截获的性能。

一、有效性指标

1. 模拟通信系统

模拟通信系统的有效性可以用有效频带来度量，同样的消息采用不同的调制方式，信号占据的频带宽度不同，所需的传输带宽越小，则频带利用率越高，有效性越高。比如，同样是传输语音信号，单边带调制传输占用 4 kHz 左右的带宽，采用调频信号传输可能需要占用约 48 kHz 的带宽。

2. 数字通信系统

数字通信系统的有效性指标主要有传输速率和频带利用率。

1）传输速率

（1）码元传输速率 R_s。

码元传输速率，又称码元速率、符号速率或传码率，它表示单位时间内传输的码元数或符号数。码元传输速率的单位为波特（Baud），所以码元传输速率也称为波特率。在二进制传输系统中，每个码元承载 1 bit 的信息。例如，某数字通信系统每秒传送 2 400 个码元，则该系统的码元速率为 2 400 Baud。

但是要注意，码元速率仅仅表示单位时间内传输码元的数量，而没有限定码元是几进制的。根据码元速率的定义，如果发送码元的时间间隔为 T_s，则码元速率为

$$R_s = \frac{1}{T_s} (\text{Baud}) \tag{3-4-1}$$

（2）信息传输速率 R_b。

信息传输速率又称为信息速率或比特速率。它表示单位时间内传输的平均信息量，单位符号为 bit/s。

对于二进制传输，每个码元携带一个比特的信息，因此在二进制传输的情况下，信息速率和码元速率是一致的。对于 16 进制数字传输系统，每个码元有 16 种可能的发送波形，每个码元携带 4 个比特的信息，因此信息速率为码元速率的 4 倍。

对于 M 进制数字通信系统，其码元速率和信息速率之间的关系为

$$R_b = R_s \log_2 M \tag{3-4-2}$$

假设码元速率固定为 600 Baud，则二进制传输时的信息速率为 600 bit/s，十六进制传输时的信息速率为 2 400 bit/s。

码元传输速率的高低决定了所需传输带宽的大小。同样的传输方式下，高的码元速率需较大的传输带宽，低的码元速率所需的传输带宽较小。

2）频带利用率

在比较不同通信系统的效率时，单看传输速率是不够的，还应当考虑所占用的频带宽度，因为两个传输速率相等的系统，其传输效率不一定相同。频带利用率定义为单位频带内的码元速率或信息速率，即

$$\eta_s = \frac{R_s}{B}(\mathrm{Baud}/\mathrm{Hz}) \tag{3-4-3}$$

或

$$\eta_b = \frac{R_b}{B}[(\mathrm{bit/s})/\mathrm{Hz}] \tag{3-4-4}$$

二、可靠性指标

1. 模拟通信系统

模拟通信系统的可靠性主要用接收端最终输出信噪比来度量。信噪比反映了接收信号的失真度。不同调制方式在同样的输入信噪比条件下解调后的最终输出信噪比也不尽相同，如通常调频系统的抗干扰能力比调幅系统好，当然调频信号所需的传输带宽一般大于调幅信号所需的传输带宽。

2. 数字通信系统

衡量数字通信系统可靠性的主要指标是误码率和误比特率。在传输过程中发生误码率的个数与传输得到总码元个数之比，称作误码率，通常用 P_e 表示。

$$P_e = \lim_{N \to \infty} \frac{错误码元数 n}{传输的总码元数 N} \tag{3-4-5}$$

误比特率 P_b 定义为接收到的错误比特数与传输的总比特数之比，即

$$P_b = \lim_{N_b \to \infty} \frac{错误码元数 n_b}{传输的总码元数 N_b} \tag{3-4-6}$$

在二进制系统中，误码率和误比特率相等。

【思考题】

1. 模拟信号和数字信号的区别是什么？

2. 试画出模拟通信系统和数字通信系统的组成框图。

3. 在模拟通信系统和数字通信系统中，各有哪些可靠性和有效性指标？

4. 一个通信系统能在 125 μs 内传输 256 bit 的信息，试计算该系统的信息传输速率。若保持信息传输速率不变，采用十六进制传输，试计算其码元传输速率。若该十六进制码元序列传输中，在 2 s 内有 5 个码元产生误码，试求其误码率。

5. 某数字通信系统使用 1 024 kHz 的信道带宽，传输比特速率为 2 048 kb/s 的信息序列，试问其频带利用率是多少？

项目五　数据通信方式

通信方式是指通信双方之间的工作方式或信号传输方式。

知识点一　单工通信、半双工通信和全双工通信

按照消息传送的方向与时间关系，通信可以分为单工通信、半双工通信和全双工通信。

1. 单工通信

单工通信指通信信道是单向信道，数据信号仅沿一个方向传输，发送方只能发送，不能接收，而接收方只能接收而不能发送，任何时候都不能改变信号传送的方向，如图 3-5-1 所示。例如，无线电广播和电视都属于单工通信。

图 3-5-1　单工通信方式

2. 半双工通信

半双工通信是指信号可以沿两个方向传送，但同一时刻一个信道只允许单方向传送，即两个方向的传输只能交替进行，而不能同时进行。当改变传输方向时，要通过开关装置进行切换，如图 3-5-2 所示。半双工信道适合于会话式通信，例如，公安系统使用的"对讲机"和军队使用的"步话机"都属于半双工通信。半双工方式在计算机网络系统中适用于终端与终端之间的会话式通信。

不同时刻的数据双向传输

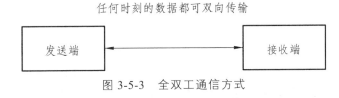

图 3-5-2　半双工通信方式

3. 全双工通信

全双工通信是指数据可以同时沿相反的两个方向进行双向传输，如图 3-5-3 所示。例如，电话机通话就属于全双工通信。

任何时刻的数据都可双向传输

图 3-5-3　全双工通信方式

知识点二　并行通信和串行通信

按照信息代码排列的方式不同，通信传输方式分为并行传输和串行传输。

1. 并行传输

并行传输是将代表信息的数字信号码元序列以分组的方式在两条或两条以上的并行信道上同时传输。例如，将数字信息码元序列分成 n 个码元一组在 n 条并行信道上同时传输。

并行传输的优点是传输速度快，缺点是需要多个并行通道，成本高。并行传输不仅可用于基带传输系统，还可用于频带传输系统中，如多载波调制传输。

2. 串行传输

串行传输是将数字信号码元序列以串行方式一个码元接着一个码元地在一条信道上传输。串行传输的优点是只需一条信道，缺点是传输速度比并行传输慢。

知识点三　同步通信和异步通信

按照同步方式的不同，通信可以分为同步通信和异步通信。

1. 异步方式

在异步传输方式中，每传送 1 个字符（7 或 8 位）都要在每个字符码前加 1 个起始位，以表示字符代码的开始；在字符代码和校验码后面加 1 或 2 个停止位，表示字符结束。接收方根据起始位和停止位来判断一个新字符的开始和结束，从而起到通信双方的同步作用，如图 3-5-4 所示。

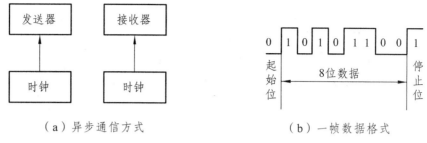

（a）异步通信方式　　　　　　　　（b）一帧数据格式

图 3-5-4　异步通信

异步方式的实现比较容易，但每传输一个字符都需要多使用 2 ~ 3 位，所以适合于低速通信。

2. 同步方式

通常，同步传输方式的信息格式是一组字符或一个二进制位组成的数据块（帧）。对这些数据，不需要附加起始位和停止位，而是在发送一组字符或数据块之前先发送一个同步字符 SYN（以 01101000 表示）或一个同步字节（01111110），用于接收方进行同步检测，从而使收发双方进入同步状态。在同步字符或字节之后，可以连续发送任意多个字符或数据块，发送数据完毕后，再使用同步字符或字节来标识整个发送过程的结束，如图 3-5-5 所示。

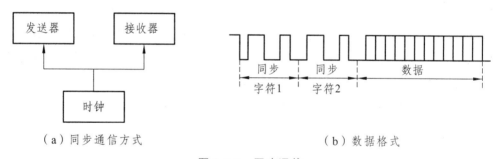

（a）同步通信方式　　　　　　　　（b）数据格式

图 3-5-5　同步通信

在同步传送时，由于发送方和接收方将整个字符组作为一个单位传送，且附加位又非常少，从而提高了数据传输的效率。所以这种方法一般用在高速传输数据的系统中，如计算机之间的数据通信。

另外，在同步通信中，要求收发双方之间的时钟严格地同步，而使用同步字符或同步字节，只是用于同步接收数据帧，只有保证了接收端接收的每一个比特都与发送端保持一致，接收方才能正确地接收数据，这就要使用位同步的方法。对于位同步，可以使用一个额外的专用信道发送同步时钟来保持双方同步，也可以使用编码技术将时钟编码到数据中，在接收端接收数据的同时就获取到同步时钟，两种方法相比，后者的效率最高，使用的最为广泛。

【思考题】

1. 全双工模式和半双工模式的区别是什么？
2. 解释"并行传输"和"串行传输"的概念，并指明两者的区别。
3. 解释"同步传输"和"异步传输"的概念，并指明两者的区别。
4. 什么叫作同步？为什么需要同步这种技术？

项目六　数据的编码与调制

在计算机中，数据是以离散的二进制"0""1"比特序列方式来表示的。计算机数据在传输过程中的数据编码类型主要取决于它采用的通信信道所支持的数据通信类型。网络中的通信信道分为模拟信道和数字信道，而依赖于信道传输的数据也分为模拟数据与数字数据。因此，数据的编码方法包括数字数据的编码与调制和模拟数据的编码与调制。

知识点一　模拟调制

在模拟数据通信系统中，信源的信息经过转换形成电信号，例如，人说话的声音经过电话转变为模拟的电信号，这也是模拟数据的基带信号。一般来说，模拟数据的基带信号具有比较低的频率，不宜直接在信道中传输，需要对信号进行调制，将信号搬移到适合信道传输的频率范围内，接收端将接收的已调信号再搬回到原来信号的频率范围内，恢复成原来的消息，如无线电广播。

模拟数据的基本调制技术主要包括调幅（AM）、调频（FM）和调相（PM），如图 3-6-1 所示。

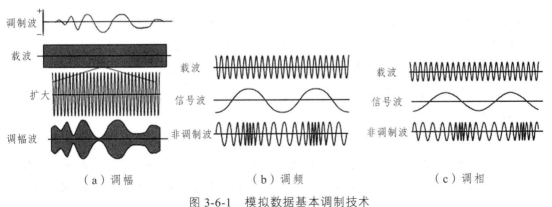

（a）调幅　　　　　　（b）调频　　　　　　（c）调相

图 3-6-1　模拟数据基本调制技术

1. 调 幅

调幅是利用载波的振幅强度传送信息的调制方式。AM 调制的电波比 FM 调制的电波所占用的频率宽度更窄，可以在有限的频率宽度内传送更多信息之外，还有发送和接收电路的构造更简单的优势。在空气中传送效率高、频率在 100 kHz 以上的电波被作为载波使用。具体的应用实例有 AM 广播、航空无线电、模拟电视信号等。

2. 调 频

调频是利用载波的频率变化传送信息的调制方式。其特点是能够传送高品质的声音，有强抗噪声干扰等优点；另一方面，又有占频率宽度较宽的缺点。此外，FM 调制的电波受到干扰的话，会产生强度很弱的破碎波，适用于 FM 广播和业余无线电、商业无线电等。

3. 相位调制

相位调制是利用载波的相位变化传送信息的调制方式。与 FM 调制相比，有发送接收的电路比较复杂的缺点。除此之外，在同样噪声下与 FM 调制相比，相位调制的传送效率更高，但是单位频带的传送效率较低。因此，模拟的相位调制不常被使用，但是在数字调制领域，以移相键控（Phase Shift Keying，PSK）为名被广泛采用。

知识点二　模拟编码

前一个知识点系统介绍了模拟信号连续波调制，它们均以高频正弦信号作载波。其基本特点是已调波的某一参量受控于待传送的基带模拟信号，因此非但正弦载波本身为连续波，而且已调波的这些参量也是模拟的，因此被称为模拟信号的模拟传输。

当今信息社会已步入数字化时代，各种模拟通信的传输技术正在加速被数字化所取代。只有将模拟信息表达方式数字化（编码），才便于利用现代处理、存储与传输手段，使这些信息更广泛地实现所需的时空转移，达到广泛利用的目的。

模拟信号数字化就是 A/D 转换：首先时间离散，然后根据所需的精度，对其含有信息的模拟参量的样本进行量化（这就是数字量），然后选择适当编码形式构成数字代码。

一般量化与编码融合一体实现，这种过程称为限失真信源编码。为了节省存储空间与传输资源，还可以根据情况去掉冗余信息，压缩次要信息，即在一定保真度下进行信源压缩编码或有损压缩编码。

模拟信号数字化这一广泛技术可称为脉冲编码调制（PCM）。PCM 中包含的调制不同于知识点一的载波调制。由于数字化的编码格式多种多样，为了便于传输，尚需要一定的时域或频域的码型、波形（脉冲）来完善表示这些数字信息，我们将在后面的知识点进行说明。

脉冲编码调制的工作过程包括三部分：抽样、量化和编码。图 3-6-2 所示为脉冲编码调制的 3 个过程以及相对应的波形信号。

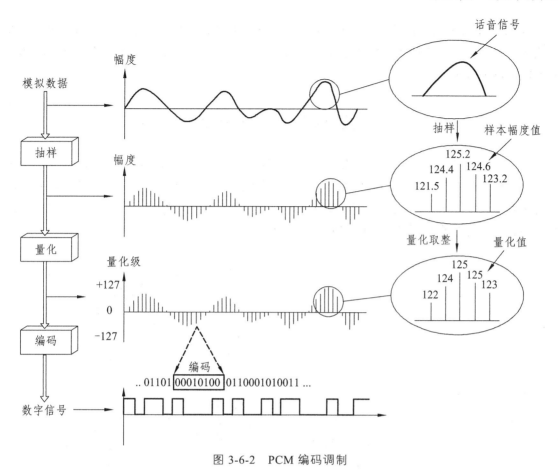

图 3-6-2　PCM 编码调制

1. 抽　样

模拟信号是电平连续变化的信号。每隔一定的时间间隔，采集模拟信号的瞬时电平值作为样本表示模拟信号在某一区间随时间变化的值。抽样频率以奈奎斯特抽样定理为依据，如果以等于或高于通信信道带宽两倍的速率定时对信号进行抽样，就可以恢复原模拟信号的所有信息。对于电话通信系统，因为电话线路的传输带宽不超过 4 000 Hz，所以抽样频率为每秒 8 000 次。

2. 量　化

量化是将取样样本幅度按量化级决定取值的过程。经过量化后的样本幅度为离散的量化级值，根据量化之前规定好的量化级，将抽样所得样本的幅值与量化级的幅值比较，取整定级。

量化级可以分为 8 级、16 级或者更多的量化级，这取决于系统的精确度要求。

3. 编　码

编码是用相应位数的二进制代码表示量化后的采样样本的量级。如果有 16 个量化级，就需要使用 4 个比特进行编码。经过编码后，每个样本都用相应的编码脉冲表示。

PCM 用于数字化语音系统，它将声音分为 128 个量化级，采用 7 位二进制编码表示，再使用 1 个比特进行差错控制，采样速率为 8 000 次/s，因此，一路话音的数据传输速率为 8 × 8 000 bit/s = 64 kb/s。

知识点三　数字调制

数字正弦载波调制可简称为"数字调制"，其基本原理是，由数字码元符号序列或其相应脉冲序列作为调制信号，去选控某确定参量的离散值，可有数字调幅、调频和调相，并分别称为幅移键控（ASK）、频移键控（FSK）和相移键控（PSK）。图 3-6-3 中，显示了对数字数据"010110"进行不同调制方法的波形。

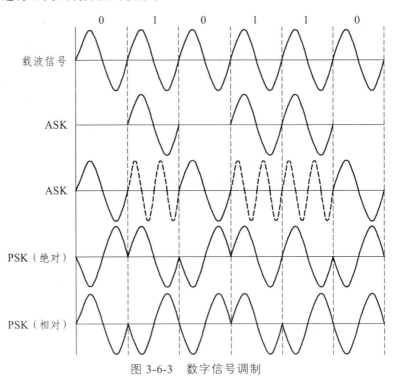

图 3-6-3　数字信号调制

1. 幅移键控（Amplitude Shift Keying，ASK）

ASK 是通过改变载波信号的幅度值来表示数字信号"1""0"的，以载波幅度 A_1 表示数字信号"1"，用载波幅度 A_2 表示数字信号"0"（通常 A_1 取 1，A_2 取 0），而载波信号的参数 f 恒定。

2. 频移键控（Frequency Shift Keying，FSK）

FSK 是通过改变载波信号频率的方法来表示数字信号"1""0"的，用 f_1 表示数字信号"1"，用 f_2 表示数字信号"0"，而载波信号的 A 和 f 不变。在电力系统调度自动化中，用于与载波通道或微波通道相配合的专用调制解调器多采用 FSK 移频键控原理。FSK 的实现比较简单，且避免了 ASK 中存在的噪声问题，但受限于载波的物理容量，频带的利用率较低。

3. 相移键控（Phase Shift Keying，PSK）

PSK 是通过改变载波信号的相位值来表示数字信号"1""0"的，而载波信号的 A 和 f 不变。PSK 包括如下两种类型。

（1）绝对调相。

绝对调相使用相位的绝对值，初相为 0 表示数字信号"1"，初相为π表示数字信号"0"。

（2）相对调相。

相对调相使用相位的相对偏移值，当数字数据为 0 时，相位不变化，而数字数据为 1 时，相位要偏移 p。

4. 多相调制和混合调相

ASK、FSK 和 PSK 都是最基本的调制技术，实现容易，技术简单，抗干扰能力差，且调制速率不高，为了提高数据的传输速率，也可以采用多相调制的方法。

知识点四　数字编码

若承载信息的信号是含有丰富的低频分量，甚至直流分量的数字信号，如计算机、数字电话等数字设备输出的数字代码序列，则称之为数字基带信号。若信道是基带（低通型）信道，如明线和双绞线等有线信道，数字基带信号可以不经过调制直接在信道中传输，称此传输方式为数字基带传输，相应的通信系统称为数字基带传输系统。

若信道是带通信道，如无线信道和光纤信道，数字基带信号必须经过调制，变成带通信号，然后在带通信道中传输，称此传输方式为数字频带传输（或数字调制传输），相应的通信系统称为数字频带传输系统(或数字调制传输系统)。远程通信中广泛采用数字频带传输系统，近距离数据通信系统中采用数字基带传输方式。

数字基带信号可以用不同的电平或脉冲来表示相应的数字信息。数字基带信号的脉冲波形有很多形式，如矩形脉冲、高斯脉冲和平方根升余弦谱脉冲等，其中最简单的是矩形脉冲。下面以矩形脉冲为例，介绍几种基本的数字基带信号波形。

1. 单极性不归零码

单极性不归零码是一种最简单的数字基带信号波形，如图 3-6-4（a）所示。单极性采用正电平（或负电平）和零电平表示二进制码，因而只有一种极性。所谓"不归零"，是指每个脉冲的电平在整个码元周期 T_s 内保持不变（中途不回归零电平）。

单极性不归零码的优点是脉冲之间无间隔，极性单一，易于用 TTL、CMOS 电路产生；它的缺点是波形中有直流分量，只能在直流耦合的线路中使用。该波形常用在近距离传输中。

2. 单极性归零码

所谓归零，是指每个脉冲的电平在一个码元周期 T_s 的中途回归到零电平，即脉冲宽度小于码元周期，如图 3-6-4（b）所示。

单极性归零码具有丰富分跳变边沿，便于提取定时信息。它是其他形式的数字基带信号提取同步信号时常用的一种过渡波形，可以先将其他不直接提取同步信号的数字基带信号变换为单极性归零码再提取同步信号。

3. 双极性不归零码

双极性不归零码采用正电平和负电平表示二进制码，如图 3-6-4（c）所示。通常 1 和 0 近似概率出现，因而双极性不归零码中基本没有直流分量，传输线路无须具有直流耦合能力。它在接收端的判决电平为零电平，不受信道变换特性的影响，其抗干扰能力也较强。在国际电信联盟制定的 V.24 接口标准和美国电工协会制定的 RS-232C 接口标准中均采用双极性不归零码。

4. 双极性归零码

双极性归零码是双极性码的归零形式，如图 3-6-4（d）所示。它除了具有双极性脉冲抗干扰能力较强、波形中不含有直流成分等优点外，还具有自同步功能。每个脉冲的前沿和后沿起到启动和终止信号的作用，容易识别出每个码元的起止时刻，因此得到了较广泛的应用。

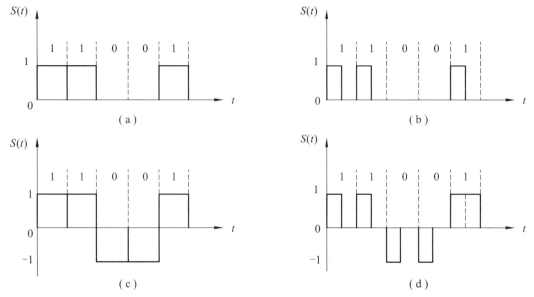

图 3-6-4　几种常见的数字基带信号波形

上述 4 种数字基带信号波形在进行信息传递时为了保证收、发双方同步，必须在发送该码的同时，用另一个信道同时发送同步时钟信号。

曼彻斯特编码（Manchester Encoding），也叫相位编码（PE），是一个同步时钟编码技术，被物理层使用来编码一个同步位流的时钟和数据。曼彻斯特编码被用在以太网媒介系统中。曼彻斯特编码提供一个简单的方式给编码简单的二进制序列，而没有长的周期和转换级别，因而可防止时钟同步的丢失，或来自低频率位移在贫乏补偿的模拟链接位错误。在这种技术下，实际上的二进制数据被传输通过这个电缆，不是作为一个序列的逻辑 1 或 0 来发送的〔技术上叫作反向不归零制（NRZ）〕。相反地，这些位被转换为一个稍微不同的格式，它通过使用直接的二进制编码有很多的优点。

曼彻斯特编码，常用于局域网传输。在曼彻斯特编码中，每一位的中间有一跳变，位中间的跳变既作时钟信号，又作数据信号；从高到低跳变表示"0"，从低到高跳变表示"1"，如图 3-6-5（a）所示。还有一种是差分曼彻斯特编码，每位中间的跳变仅提供时钟定时，而用每位开始时有无跳变表示"0"或"1"，有跳变为"0"，无跳变为"1"，如图 3-6-5（b）所示。

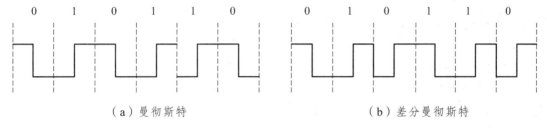

（a）曼彻斯特　　　　　　　　　　（b）差分曼彻斯特

图 3-6-5　曼彻斯特与差分曼彻斯特波形

两种曼彻斯特编码是将时钟和数据包含在数据流中，在传输代码信息的同时，也将时钟同步信号一起传输到对方，每位编码中有一跳变，不存在直流分量，因此具有自同步能力和良好的抗干扰性能。但每一个码元都被调成两个电平，所以数据传输速率只有调制速率的 1/2。

知识点五　信道编码

在有噪信道上传输数字信号时，所收到的数据不可避免地会出现差错，所以可靠性是数字信息交换和传输系统必须考虑的主要问题。不同用户对可靠性的要求大相径庭。例如，普通的电报，差错概率（误码率）在 10^{-3} 时是可以接受的；而对导弹运行轨道数据的传输，如此高的差错率将导致导弹偏离预定的轨道，这显然是不允许的。使数字信号在传输过程中产生不同差错率的原因主要是不同传输系统的性能不同，以及在传输过程中受到的干扰不同。因此可以从多种途径来研究提高系统可靠性的方法。首先，要合理选用系统和调制解调方式，这是降低差错的根本措施，目的是改善信道特性，减少传输中的差错，但是该措施的改善程度有限，在此基础上利用纠错编码技术对差错进行控制，可大大提高信道的抗干扰能力，降低误码率，这是提高系统可靠性的一项极为有效的措施。因为篇幅有限，所以本书只是进行简单介绍。

一、差错控制基本方法

差错控制是一门以纠错编码为理论依据来控制差错的技术，即是"针对某一特定的数据传输或存储系统，应用纠错或检错编码及其相应的其他技术来提高整个系统传输数据可靠性"的方法。

在数字通信中，利用纠错码或检错码进行差错控制的方式大致有以下几类。

1. 反馈重传方式

发送端发出能够发现（检测）错误的码，通过信道传送到发送端，译码器只需判决码组中有无错误出现，再把判决信号通过反馈信道送回发送端。发送端根据这些判决信号，把接收端认为有错的消息再次传送，直到接收端认为正确为止。这种差错控制方式也称为自动重传请求（ARQ）。

从上可知，应用 ARQ 方式必须有一个反馈信道，一般适用于一个用户对一个用户（点对点）的通信，它要求系统收发两端互相配合、密切协作，因此这种方式下收发之间控制电路比较复杂；且由于反馈重发的次数和信道干扰情况有关，若信道干扰频繁，则系统经常处于重发消息的状态，因此这种方式传送消息的连贯性和实时性较差。但该方式的优点在于：编/译码设备比较简单；在一定多余度码元下，编码的纠错能力一般比纠错能力高很多，因而整个系统的纠错能力极强，能获得较低的误码率；由于纠错码的检错能力与信道干扰的变化基本无关，因此这种系统的适应性很强，特别适应于短波、散射等干扰情况复杂的信道。

2. 前向纠错方式（FEC）

发送端发送具有一定纠错能力的码，接收端收到这些码后，根据编码产生的规律，译码器不仅能自动地发现错误，而且能够自动地纠正接收矢量在传输中的错误，这种方式的优点是不需反馈信道，能进行一个用户对多个用户的同播通信，译码实时性较好，收发间的控制电路比 ARQ 简单。其缺点是译码设备比较复杂，所选用的纠错码必须与信道的干扰情况相匹配，因而对信道的适应性差。为了获得比较低的误码率，往往须以最坏的信道条件来设计纠错码，故所需的多余码元比纠错码要多得多，从而使编码效率很低。但由于这种方式能同播，特别适用于军用信道，并且随着编码理论的发展和编码译码设备所需的大规模集成电路成本的不断降低，译码设备有可能越来越简单，成本越来越低，因而 FEC 在实际的数字通信中逐渐得到了广泛应用。

3. 混合纠错方式

混合纠错方式（HEC）下发送端发送的码不仅能够被检测出错误，而且还具有一定的纠错能力。译码器得到接收序列以后，首先检验错误情况，如果在码的纠错能力以内，则自动进行纠正。如果错误很多，译码器仅能检测出来，但无法纠正，则接收端通过反馈信道，发送重新传送的消息。这种方式在一定程度上避免了 FEC 方式要求用复杂的译码设备和 ARQ

方式信息连贯性差的缺点，并能达到较低的误码率，因此 HEC 在实际应用中越来越广泛。

除了上述三种主要方式以外，还有所谓狭义信息反馈系统（IRQ）。这种方式是接收端把收到的消息原封不动地通过反馈信道送回发送端，发送端比较发送的与反馈回来的消息，从而发现错误，并且把传错的消息再次传送，最后达到对方正确接收消息的目的。

二、奇偶校验码

对于一般的数字序列，为了能发现传输中的一位或更多差错，一种很简单的方法是在码字后面加 1 个冗余码元（校验元或称监督元）。

一个码字的 1 码总个数称为码字"重量"，可能为奇数，或者为偶数。对于信息码长为 $k=(n-1)$ 位的码字集合，可以视各码字的码重为奇数（或偶数）而加入"0"（或"1"）校验元。此种方式称为奇（偶）校验码。也就是说，如果要是全部码字[长为 $k=(n-1)$]的码重均为偶数，应对原来（$n-1$）位信码的码重为奇数者加入"1"，对偶数重量的信码加入的校验元为"0"，这种方式称为偶校验码。同样也可构成奇校验码。信码按奇或偶规则加入了 1 个监督位后，则成为有检错功能的"码字"，码长为 $n=k+1$。

三、循环冗余校验码（CRC）

循环冗余校验码是一种非常适合于检错的差错控制码。由于其检错能力强，它对随机错误和突发错误都能以较低冗余度进行严格检验。其特征是信息字段和校验字段的长度可以任意选定。通信规约中 CDT 规约就采用的 CRC 校验方式。

循环冗余校验码（CRC）的基本原理是：在 K 位信息码后再拼接 R 位的校验码，整个编码长度为 N 位，因此，这种编码又叫（N，K）码。对于一个给定的（N，K）码，可以证明存在一个最高次幂为 $N-K=R$ 的多项式 $G(x)$。根据 $G(x)$ 可以生成 K 位信息的校验码，而 $G(x)$ 叫作这个 CRC 码的生成多项式。

校验码的具体生成过程为：假设发送信息用信息多项式 $C(x)$ 表示，将 $C(x)$ 左移 R 位，则可表示成 $C(x)\times2$ 的 R 次方，这样 $C(x)$ 的右边就会空出 R 位，这就是校验码的位置。通过 $C(x)\times2$ 的 R 次方除以生成多项式 $G(x)$ 得到的余数就是校验码。

【思考题】

1. 模拟信号在模拟信道中的调制方式有哪几种？在数字信道中的编码方式有哪几种？
2. 数字信号在模拟信道中的调制方式有哪几种？在数字信道中的编码方式有哪几种？
3. 什么是差错控制？在数字通信中，利用纠错码或检错码进行差错控制的方式有哪些？
4. 什么是奇偶校验？

项目七　通信规约（循环式通信规约）

本标准规定了电网数据采集与监控系统中循环式远动规约的功能、帧结构、信息字结构和传输规则等。

本标准适用于点对点的远动通道结构及以循环字节同步方式传送的远动设备与系统。本标准还适用于调度所间以循环式远动规约转发实时信息的系统。

知识点一　技术条件

（1）本规约采用可变帧长度、多种帧类别循环传送，变位遥信优先传送，重要遥测量更新循环时间较短，区分循环量、随机量和插入量采用不同形式传送信息，以满足电网调度安全监控系统对远动信息的实时性和可靠性的要求。

（2）主站与子站间的传送信息见表3-7-1。

表3-7-1　主站与子站间传送的信息

上行（子—主）	遥信、遥测、事件顺序记录（SOE）、电能脉冲计数值、子站工作状态
下行（主—子）	遥控命令、设定命令、升降命令、对时、广播命令、复归命令

（3）信息按其重要性有不同的优先级和循环时间。

① 上行（子站至主站）信息的优先级排列顺序和传送时间要求如表3-7-2所示。

表3-7-2　上行信息传送

信息字插入传送	对时的子站时钟返回信息
	变位遥信、子站工作状态变化信息，要求在1 s内送到主站
	遥控、升降命令的返送校核信息
固定循环传送	重要遥测安排在A帧传送，循环时间不大于3 s
	次要遥测安排在B帧传送，循环时间一般不大于6 s
	一般遥测安排在C帧传送，循环时间一般不大于20 s
	遥信状态信息，包括子站工作状态信息，安排在D_1帧定时传送
	电能脉冲计数值安排在D_2帧定时传送
帧插入方式传送	事件顺序记录安排在E帧传送

说明：信息字随机插入传送，用于传送下列3种信息，即对时的子站时钟返回信息、变

位遥信和遥控、升降命令的返校信息。上述 3 种信息一出现，就应插入当前帧的信息字传送，但需遵守以下规则：

a. 变位遥信、遥控和升降命令的返校信息连续插送 3 遍，对时的子站时钟返回信息才插入一遍。

b. 变位遥信、遥控和升降命令的返校信息连续插送 3 遍必须在同一帧内，不许跨帧。若本帧不够连续插送 3 遍，全部改到下帧进行。

c. 被插的帧若是 A、B、C 或 D 帧，则原信息字被取代，原帧长度不变；若是 E 帧，则应在 SOE 完整字之间插入，帧长度相应加长。

d. 帧传送的遥信状态、电能脉冲计数值是慢变化量，以几分钟至几十分钟循环传送。子站加电或重新复位后，帧系列应从 D_1 帧开始传送。

e. 遥控、设定和升降命令过程中若出现变位遥信，则自动取消该命令，并将子站工作状态信息通知主站。

f. 帧传送的事件顺序记录是随机量，同一事件顺序记录应分别在 3 个 E 帧内重复传送。

② 下行（主站至子站）命令的优先级排列如表 3-7-3 所示。

表 3-7-3　下行信息优先级排列

优先级	信息内容
1	召唤子站时钟，设置子站时钟校正值，设置子站时钟
2	遥控选择、执行、撤销命令，升降选择、执行、撤销命令，设定命令
3	广播命令
4	复归命令

注意：下行通道中不发命令时应连续发送同步码。

知识点二　帧结构

帧结构如图 3-7-1 所示。每帧都以同步字开头，并有控制字，除少数帧外，均应有信息字。信息字的数量依实际需要设定，帧长度可变。

同步字	控制字	信息字1	…	信息字N	同步字	…

图 3-7-1　帧结构

帧的同步字、控制字、信息字的排列规则：字节由低 B_1 到高 B_n 上下排列，字节的位由高 b_7 到低 b_0 左右排列，如图 3-7-2 所示。

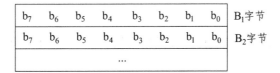

图 3-7-2　字节排列

通道发码规则：低字节先送，高字节后送，字节内低位先送，高位后送。

一、同步字

同步字有 $B_1 \sim B_6$ 共 6 个字节，按通道传送顺序分为 3 组 EB90H，即 1110、1011、1001、0000，…。为保证通道中的传送顺序，写入串行口的同步字排列格式见图 3-7-3。

D7H (11010111B)	B_1字节
09H (00001001B)	B_2字节
D7H (11010111B)	B_3字节
09H (00001001B)	B_4字节
D7H (11010111B)	B_5字节
09H (00001001B)	B_6字节

图 3-7-3　同步字排列格式

二、控制字

控制字有 $B_7 \sim B_{12}$ 共 6 个字节，如图 3-7-4 所示。

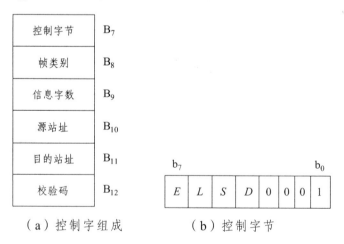

（a）控制字组成　　　　（b）控制字节

图 3-7-4　控制字

1. 控制字节

E：扩展位。当 $E = 0$ 时，使用已定义的帧类别；当 $E = 1$ 时，帧类别可另行定义，以便扩展功能。

L：帧长度定义位。当 $L = 0$ 时，表示本帧信息字数 n 为 0，即本帧没有信息字；当 $L = 1$ 时，表示本帧有信息。

S：源站址定义位。

D：目的站址定义位。

在上行信息中，*S*＝1 表示控制字中源站址有内容，源站址字节代表信息始发站的站号，即子站站号；*D*＝1 表示目的站址字节有内容，目的站址字节代表主站站号。

在下行信息中，*S*＝1 表示源站址字节有内容，源站址字节代表主站站号；*D*＝1 表示目的站址字节有内容，即代表信息到达站的站号；*D*＝0 表示目的站址字节内容为 FFH，即代表广播命令，所有站同时并执行此命令。

在上述上行信息和下行信息中，若同时 *S*＝0 且 *D*＝0，则表示源站址和目的站址无意义。

2. 帧类别

本规约定义的帧类别码及含义见表 3-7-4。

表 3-7-4　帧类别代码及定义

帧类别代码	定　义	
	上行 *E*＝0	下行 *E*＝0
61H	重要遥测（A 帧）	遥控选择
C2H	次要遥测（B 帧）	遥控执行
B3H	一般遥测（C 帧）	遥控撤销
F4H	遥信状态（D_1 帧）	升降选择
85H	电能脉冲记数值（D_2 帧）	升降执行
26H	事件顺序记录（E 帧）	升降撤销
57H		设定命令
A8H		
D9H		
7AH		设置时钟
0BH		设置时钟校正值
4CH		召唤子站时钟
3DH		复归命令
9EH		广播命令
EFH		

3. 信息字数

信息字数 *n* 表示该帧中所含信息字数量，即信息字 1 至信息字 *n* 的总数。*n*＝0 表示无信息字。E 帧长度不得大于 A 帧长度。

4. 源地址与目的地址

上行信息中，源地址指的是子站站址，目的地址指的是主站站址。下行信息中，源地址指的是主站站址，目的地址指的是子站站址。下行信息中广播令时，源地址是主站站址，目的地址改为 FFH。

5. 校验码

本规约采用 CRC 校验，控制字和信息字都是（N, K）=（48，40）码组。生成多项式为 $G(x) = x^8 + x^2 + x + 1$，陪集码为 FFH。按前面所述发码规则的顺序以 $G(x)$ 模 2 除前 5 个字节，生成余式 $R(x)$，以 $R(x)$ 作为校验码。若用查表法，信息字、控制字基本码元的中间余式见表 3-7-5。

表 3-7-5   中间余式表

信息字、控制字的码元	查表法中间余式
01H	11100000B
02H	01110000B
04H	00111000B
08H	00011100B
10H	00000111B
20H	00000111B
40H	11100011B
80H	10010001B

三、信息字

信息字结构：每个信息字由 $B_n \sim B_{n+5}$ 共 6 个字节构成，功能码 1 个字节，信息、数据码 4 个字节和校验码 1 个字节，其通用格式如图 3-7-5 所示。

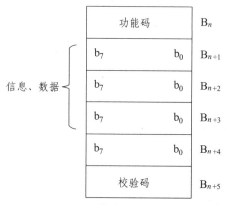

图 3-7-5   信息字通用格式

1. 功能码

功能码有 256 个（00H ~ FFH），分别代表不同信息用途，具体分配见表 3-7-6。

表 3-7-6　功能码分配表

功能码代码	字数	用　途	信息位数	容　量
00H ~ 7FH	128	遥　测	16	256
80H ~ 81H	6	事件顺序记录	64	4 096
82H ~ 83H		备　用		
84H ~ 85H	2	子站时钟返送	64	1
86H ~ 89H	4	总加遥测	16	8
8AH	1	频　率	16	2
8BH	1	复归命令（下行）	16	16
8CH	1	广播命令（下行）	16	16
8DH ~ 92H	6	水　位	24	6
93H ~ 9FH		备　用		
A0H ~ DFH	64	电能脉冲记数值	32	64
E0H	1	遥控选择（下行）	32	256
E1H	1	遥控返校	32	256
E2H	1	遥控执行（下行）	32	256
E3H	1	遥控撤销（下行）	32	256
E4H	1	遥控选择（下行）	32	256
E5H	1	升降返校	32	256
E6H	1	升降执行（下行）	32	256
E7H	1	升降撤销（下行）	32	256
E8H	1	设置命令（下行）	32	256
E9H	1	备　用		
EAH	1	备　用		
EBH	1	备　用		
ECH	1	子站状态信息	8	1
EDH	1	设置时钟校正值（下行）	32	1
EEH ~ EFH	2	设置时钟（下行）	64	1
F0H ~ FFH	16	遥　信	32	512

2. 信息、数据

信息、数据部分见知识点三和四。

3. 校验码

校验码同控制字部分校验码。

知识点三 上行信息字格式

一、遥 测

遥测信息字格式见图 3-7-6。

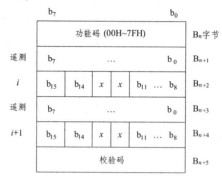

图 3-7-6 遥测信息字格式

图 3-7-6 说明:

（1）每个信息字传送两路遥测量。

（2）$b_{11} \sim b_0$ 传送一路模拟量，以二进制码表示。$b_{11} = 0$ 时为正数，$b_{11} = 1$ 时为负数，以 2 的补码表示。

（3）$b_{14} = 1$ 表示溢出，$b_{15} = 1$ 表示数无效。

二、总加遥测

总加遥测信息字格式见图 3-7-7。

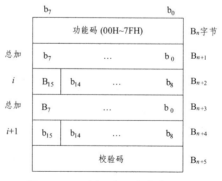

图 3-7-7 总加遥测信息字格式

图 3-7-7 说明:

（1）用于传送总加遥测量。

（2）一个信息字传送两路总加遥测。

（3）$b_{15} \sim b_0$ 传送一路总加量，以二进制码表示。$b_{15} = 0$ 时为正数，$b_{15} = 1$ 时为负数，以 2 的补码表示负数。

三、遥　信

遥信信息字格式见图3-7-8。

图 3-7-8　遥信信息字格式

图 3-7-8 说明：

（1）每个遥信字含 16 个状态位。

（2）状态位定义：$b=0$ 表示断路器或刀闸状态为断开、继电保护未动作；$b=1$ 表示断路器或刀闸状态为闭合、继电保护动作。

（3）$b_0 \sim b_{15}$ 分别表示 0～15 路遥信。

四、电能脉冲计数值

电能脉冲计数值信息字格式见图3-7-9。

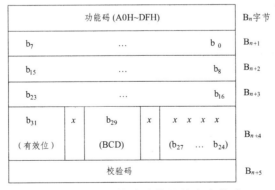

图 3-7-9　电能脉冲计数值信息字格式

图 3-7-9 说明：

（1）一个信息字传送一路电能脉冲计数值，定时传送。定时可以是整点，或 30 min，也可以由广播命令决定。

（2）$b_{23} \sim b_0$ 位代表电能脉冲计数值，推荐用二进制码表示。

（3）$b_{31}=1$ 表示数无效；$b_{29}=0$ 表示数为二进制码；$b_{29}=1$ 表示数为 BCD 码。BCD 码格式同水位信息字格式。

（4）$b_{27} \sim b_{24}$ 位作为扩展用。

五、事件顺序记录（SOE）

事件顺序记录信息字格式见图 3-7-10。

功能码1 (80H)	B_n 字节
毫秒（低） $2^7 2^6 2^5 2^4 2^3 2^2 2^1 2^0$	B_{n+1}
毫秒（高） $x\,x\,x\,x\,x\,x\,2^9 2^8$	B_{n+2}
秒 $x\,x\,2^5 2^4 2^3 2^2 2^1 2^0$	B_{n+3}
分 $x\,x\,2^5 2^4 2^3 2^2 2^1 2^0$	B_{n+4}
校验码	B_{n+5}

（a）毫秒～分

功能码2 (81H)	B_{n+6} 字节
时 $x\,x\,x\,2^4 2^3 2^2 2^1 2^0$	B_{n+7}
日 $x\,x\,x\,2^4 2^3 2^2 2^1 2^0$	B_{n+8}
对象号（低） $b^7 \quad \ldots \quad b^0$	B_{n+9}
b_{15}　xxx　对象号（高） （合分）　$b_{11} \ldots b_8$	B_{n+10}
校验码	B_{n+11}

（b）时～日

图 3-7-10　事件顺序记录信息字格式

图 3-7-10 说明：

（1）功能码 1 与功能码 2 应成对，前者用 80H、后者用 81H。

（2）时间与对象号均用二进制码表示，最后第 B_{n+10} 字节中 $b_{15}=1$ 表示开关状态为闭合或继电保护动作，$b_{15}=0$ 表示开关状态为断开或继电保护未动作。

注：每对信息字在同一帧内连续发送 3 遍。

六、子站工作状态

子站工作状态信息字格式见图 3-7-11。

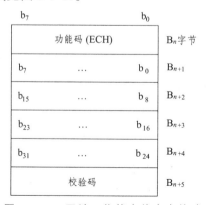

图 3-7-11　子站工作状态信息字格式

图 3-7-11 说明：

（1）$b_{15} \sim b_0$ 表示内部检测的异常状态。

$b_0 = 1$：随机存储器（RAM）异常；

$b_1 = 1$：变位遥信使遥控、升降、设定命令取消；

$b_2 = 1$：遥测子系统异常；

$b_3 = 1$：遥信子系统异常；

$b_4 = 1$：遥调子系统异常；

$b_5 = 1$：遥控子系统异常；

$b_6 = 1$：当地显示子系统异常；

b_7 为电源合上位（电源合上后置"1"，对时完成后清"0"）；

$b_8 \sim b_{15}$ 自行定义。

（2）$b_{31} \sim b_{16}$ 表示外部接入的异常状态或信息。

$b_{16} = 1$ 不中断电源（UPS）异常；

$b_{17} = 1$ 下行通道异常；

$b_{18} = 1$ 遥控转当地；

$b_{19} = 1$ 无人值班转有人值班；

$b_{20} = 1$ 自动发电控制（AGC）开关未合上；

$b_{21} \sim b_{31}$ 自行定义。

知识点四　下行信息字格式

一、遥控命令

遥控过程及遥控帧结构如图 3-7-12 所示。遥控命令控制字和遥控字节格式见图 3-7-13。遥控过程的信息字格式见图 3-7-14。

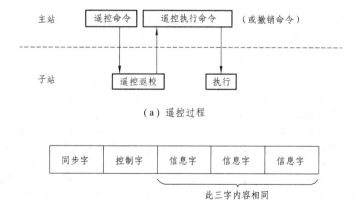

（a）遥控过程

（b）帧结构

图 3-7-12　遥控过程及帧结构

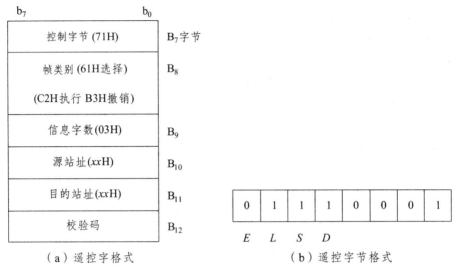

图 3-7-13 遥控命令和遥控字格式

（a）遥控字格式

（b）遥控字节格式

（a）遥控选择（下行）

（b）遥控返校（上行）

（c）遥控执行（下行）

（d）遥控撤销（下行）

图 3-7-14 遥控过程的信息字格式

说明：（1）开关序号为二进制码。若用 BCD 码表示开关号，则 $B_{n+2} \sim B_{n+4}$ 字节作相应改变，如图 3-7-15 所示，其中 B_{n+2} 固定为 FFH，$B_{n+3} \sim B_{n+4}$ 字节表示开关号。

（2）遥控返校字为上行信息，随机插在上行信息中不跨帧地连送 3 遍。

（3）图 3-7-14（a）中开关序号在子站有硬件电路进行检查，若检查无效，将 B_{n+1} 字节内容改为 FFH。

（4）遥控返校信息若超时未收到，本次命令便自动撤销。

（5）遥控过程中遇变位遥信，本次命令自动撤销，通过子站工作状态返回信息。

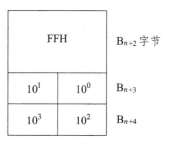

图 3-7-15 BCD 码表示遥控开关号

二、升降命令

升降命令控制字格式同遥控命令，但帧类别应改为 F4H、85H、26H，其信息字格式如图 3-7-16 所示。

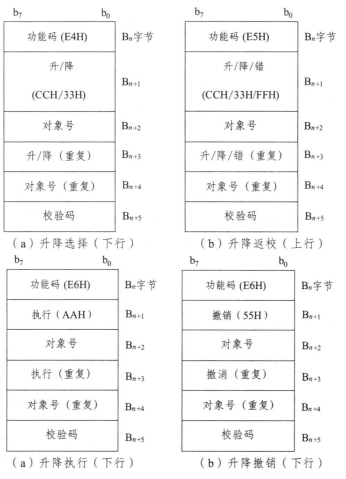

图 3-7-16 升降命令

三、设定命令

设定命令控制字格式同遥控命令，但设定命令只有一个下行帧，无返效、执行、撤销命令帧。控制字的帧类别改为 57H，其信息字格式如图 3-7-17 所示。

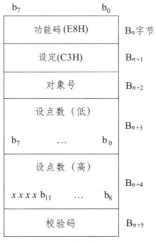

图 3-7-17　设定命令（下行）

说明：

（1）对象号为二进制码。

（2）设点数为 12 位二进制码，不乘以系数，负数以 2 的补码表示。

（3）在设定命令过程中若遇变位遥信或相应 AGC 控制开关未合上，命令自动取消，并通过子站工作状态返回信息。

四、复归命令

从主站向子站发送复归命令只有一个帧，该帧只有同步字和控制字，无信息字，也无返校。如果需要增加复归命令，可通过增加信息字来达到，信息字可自行定义。复归命令格式见图 3-7-18。

图 3-7-18　复归命令格式

五、广播命令（冻结命令）

冻结命令是用于发送冻结电能脉冲计数值的命令。被冻结的脉冲计数值发送 3 遍之后自动解冻。

广播命令的帧结构同复归命令，其控制字格式和控制字节格式见图 3-7-19。

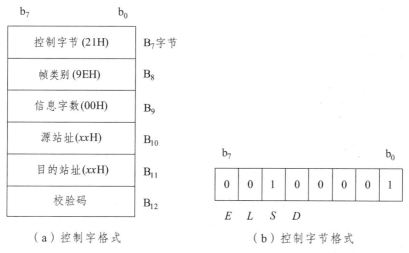

（a）控制字格式　　　　　　　　（b）控制字节格式

图 3-7-19　广播命令控制字及控制字节格式

六、设置时钟命令

从主站向子站设置时钟，应在发送该命令控制字的开始时刻读取主站时钟。设置时钟的帧结构、控制字格式及信息字格式如图 3-7-20 所示。

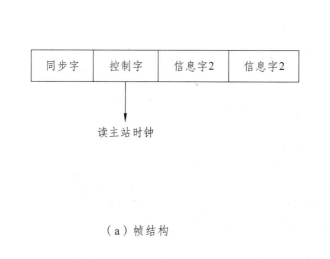

（a）帧结构

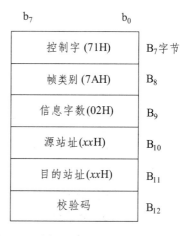

（b）控制字格式

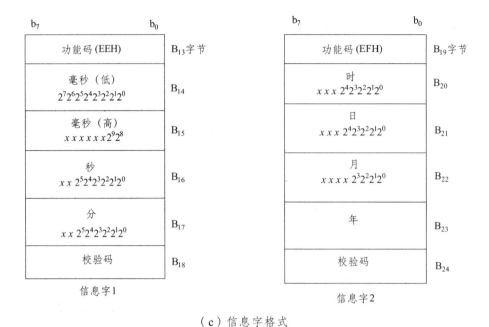

（c）信息字格式

图 3-7-20 设置时钟的帧结构、控制字及信息字格式

七、设置时钟校正值命令

主站比较了子站与主站间时钟差别并计算子站时钟校正值后，向子站发出此命令以校正子站时钟，使两站时钟一致。设置时钟校正值帧结构、控制字格式及信息字格式，如图 3-7-21 所示。

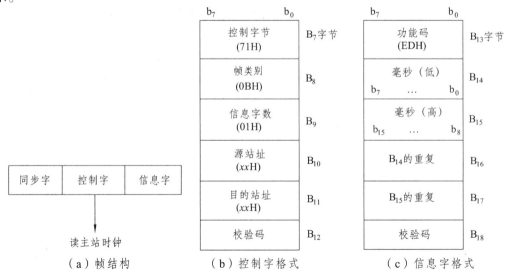

（a）帧结构　　（b）控制字格式　　（c）信息字格式

图 3-7-21 设置时钟校正值帧结构、控制字及信息字格式

说明：毫秒最高位 b_{15} 表示正负，$b_{15}=0$ 为正数，$b_{15}=1$ 为负数，负数以 2 的补码表示。

八、召唤子站时钟命令

主站发此命令让子站将其时钟读数返送到主站，以便比较两端时钟数差别并算出子站时钟校正值。召唤子站的时钟帧结构及时钟命令控制字格式如图 3-7-22 所示。

（a）时钟帧结构　　　　　（b）时钟命令控制字格式

图 3-7-22　召唤子站的时钟帧结构及时钟命令控制字格式

子站收到上述召唤命令后，应在上行信息中插入返送两个信息字，即子站时钟和等待时间，子站时钟返送信息字格式如图 3-7-23 所示。

图 3-7-23　子站时钟返送信息字格式

说明：

（1）子站时钟数应在召唤子站时钟命令的控制字收到后且判明帧类别的时刻读取。

（2）等待时间是从说明（1）的时间起至返送子站时钟的信息字插入上行信息开始传送的时刻止的时间间隔。

九、对时过程与校正值计算

对时过程如图 3-7-24 所示。

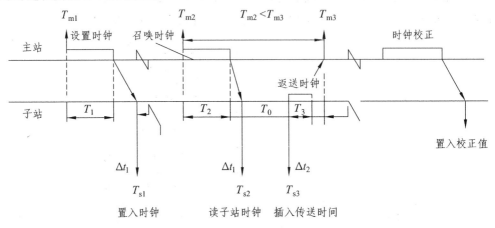

图 3-7-24　对时过程图

T_{m1}：主站发送设置时钟命令时，主站时钟读数；T_1：设置时钟命令的码长时间；T_{s1}：收到设置时钟命令后子站置入时钟的时间；Δt_1：下行通道时延；Δt_2：上行通道时延；T_{m2}：主站发送召唤子站时钟帧时，当中央处理器（CPU）向串行通信接口写入同步字第一字节时的主站时钟读数；T_2：召唤子站时钟命令的码长时间，其计算公式 $T_2 = （2 \times 48 \times 1\,000）$/波特率（ms）；$T_{s2}$：收到召唤子站时钟命令后的子站时钟读数；$T_{s3}$：返送时钟插入传送的时间，即发送返送时钟时，CPU 向串行通信接口写入第一个信息字节时子站读取的时钟数；T_0：收到召唤子站时钟命令后，子站向主站返送子站时钟而等待的时间，其计算式 $T_0 = T_{s3} - T_{s2}$；T_3：返送子站时钟信息字的码长时间，其计算式 $T_3 = （2 \times 48 \times 1\,000）$/波特率（ms）；$T_{m3}$：主站收到子站返送时钟信息字后的主站时钟读数。

上下行通道延迟平均值 Δt 为

$$\Delta t = （\Delta t_1 + \Delta t_2）/2$$
$$= [(T_{m3} - T_{m2}) - (T_2 + T_3 + T_0)]/2 \qquad （3\text{-}7\text{-}1）$$

其校正值 C 为

$$C = (T_{m2} + T_2 + \Delta t) - T_{s2}$$
$$= \{T_{m2} + T_2 + [(T_{m3} - T_{m2}) - (T_2 + T_3 + T_0)/2]\} - T_{s2}$$
$$= (T_{m2} + T_{m3} + T_2 - T_3 - T_0)/2 - T_{s2} \qquad （3\text{-}7\text{-}2）$$

严格地说，式（3-7-1）、（3-7-2）的运算都是在假定主站和子站所使用的串行通信接口的发送延时和接收延时相同，且对每一次串行通信接口中断申请均及时进行处理的前提下，计算结果才是正确的。发送延时是指 CPU 向串行通信接口写入一个字节数据的时刻起，至调制器输出出现所写入数据字节的第一位止的这一段时间。接收延时是指解调器输出端出现一个字节的第一位数据，至串行通信接口接收到这一字节，并向 CPU 发出中断申请这一段时间。

如上述假设不成立或部分不符，为了保证对时精度，应考虑附加必要的修正。

知识点五 帧系列举例

A1 简单例，见图 3-7-25。

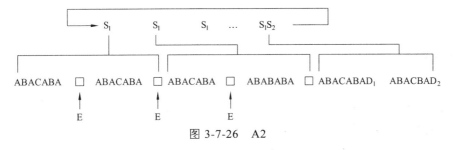

图 3-7-25 A1

说明：根据 D_1 帧要求的周期决定 A 帧重复的次数。

A2 各帧都有，E 帧插入图 3-7-26 方框传送之例。

图 3-7-26 A2

说明：

（1）E 帧出现时插入箭头所指的方框处传送，如图 3-7-26 所示送 3 遍。

（2）根据 D_1、D_2 帧的要求周期决定 S1 重复的次数。

A3 定时送 D_2 帧，E 帧取代 C 帧之例，见图 3-7-27。

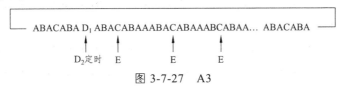

图 3-7-27 A3

说明：每次循环只送一次 D_1，若定时到 D_2 则取代 D_1 传送。

A4 无 C 帧，D_1、D_2 在图 A4 方框处传送，D_1 帧循环次数为 D_2 帧的两倍，E 帧取代 A 帧，见图 3-7-28。

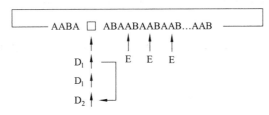

图 3-7-28 A4

A5 帧内插送变位遥信、遥控返校信息之例，见图 3-7-29。

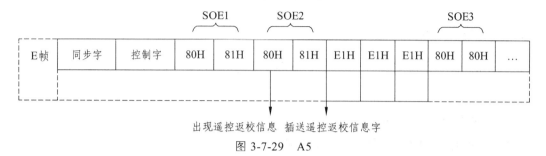

图 3-7-29   A5

【思考题】

1. 该规约（循环式通信规约）对应的通信方式是什么？

2. 该规约功能码一共有多少个？遥测的功能码有哪些？一个信息字中包含几路遥测量？

3. 已知两组遥测信息字 2A 2C 0D 7C 00 55 2B 4C 00 92 0F 9C，这两组遥测信息字对应的遥测点号是多少？

4. 该规约采用的信息传送方式有哪几种？

5. 分析报文：EB 90 EB 90 EB 90 71 F4 0A 02 01 F2 F0 40 00 02 10 37 <u>F1 60 00 03 00 FE</u> F2 80 00 00 00 03 F3 00 00 40 65 37 <u>F4 00 00 B0 30 A6</u> F5 78 00 41 00 D7 F6 08 00 00 00 0D F7 00 00 00 00 DF F8 00 00 00 00 EF F9 00 00 00 00 8D

6. 分析报文：EB 90 EB 90 EB 90 71 61 32 4D 00 XX 00 00 00 00 00 FF 01 00 00 00 00 9D 02 00 00 00 00 3B 03 00 00 00 00 59 04 0C 00 0C 00 64 05 0C 00 00 00 FA 06 00 00 00 00 B4 07 00 00 00 00 D6 08 00 00 00 00 E6 09 00 00 00 00 84 0A 00 00 00 00 22 0B 00 00 00 40 0C 00 00 00 69 0D 00 00 00 00 0B F0 98 00 00 01 17 F0 98 00 00 01 17 F0 98 00 00 01 17 11 00 00 00 00 AF ⋯

7. 分析报文：EB 90 EB 90 EB 90 71 61 19 02 01 F5 <u>E1 FF 00 FF 00 XX E1 FF 00 FF 00 XX E1 FF 00 FF 00 XX</u> 03 00 00 00 00 59 04 00 00 00 00 70 05 00 00 00 00 12 06 33 00 17 00 1B 07 FD 0F F5 07 2C 08 7F 00 3C 00 03 09 10 00 CB 07 8C⋯

8. 分析报文：EB 90 EB 90 EB 90 71 7A 02 00 ED XX EE 96 00 5E 15 XX EF 0E 17 0C 16 XX

项目八   通信规约（101 规约）

IEC60870 系列基本标准（共分 5 篇）：

第一篇   60870-5-1   传输帧格式

第二篇   60870-5-2   链路传输规约

第三篇   60870-5-3   应用数据的一般结构

第四篇   60870-5-4   应用信息元素定义和编码

第五篇   60870-5-5   基本应用功能

其配套标准及适用范围如表 3-8-1 所示。

表 3-8-1   IEC60870 配套标准

IEC 规约	适用范围	通信方式
IEC-101	厂站与调度主站间通信	串行
IEC-102	电量主站与站内抄表终端通信	
IEC-103	与站内继电保护设备间通信	串行
IEC-104	厂站与调度主站间通信	以太网

IEC60870-5 系列涵盖了各种网络配置（点对点、多个点对点、多点共线、多点环形、多点星形），各种传输模式（平衡式、非平衡式），网络的主从和平衡传输模式，电力系统所需要的应用功能和应用信息，是一个完整的集，可以适应电力系统自动化系统中各种调制方式、各种网络配置和各种传输模式的需要。

IEC870-5-101（基本远动任务的配套标准）就是针对 IEC870-5 基本标准中的 FT1.2 异步式字节传输（Asynchronous byte transmission）帧格式，对物理层、链路层、应用层、用户进程做了大量具体的规定和定义。IEC870-5-101 所定义的基本应用功能允许在其定义的范围内根据具体情况和要求做适当选择。为了使兼容远动设备之间能进行互换，IEC870-5-101 还对类型标识和传送原因等规定了严格的定义，也允许在其定义之外由制造厂和用户另行定义，但对其严格定义的内容，兼容远动设备不得违反。

知识点一   适用范围

一、网络拓扑结构

本规约适用的网络拓扑结构为点对点、多点对点、多点共线、多点环形、多点星形等，通道可以是全双工或半双工的情况。

二、传输方式

传输方式分为非平衡方式和平衡方式传输两种。

非平衡方式传输：只有主站启动各种链路传输服务，子站只有当主站请求时才传输。这种传输方式对于所有网络结构都可适用。但是在点对点和多点对点的网络结构中，非平衡方式传输没有充分发挥这种网络的内在潜力。

平衡方式传输：主站和子站可以同时启动链路传输服务，所以必须有一对全双工的通道。

对于点对点和多点对点的网络结构，采用平衡方式传输；对于多点共线、多点环形和多点星形的网络结构，采用非平衡方式传输。

知识点二　帧格式

本规约采用的帧格式为 FT1.2 异步式字节传输帧格式，帧格式有三种，分别是可变帧长帧格式、固定帧长帧格式和单个字符。

一、FT1.2 可变帧长帧格式

其具体格式如图 3-8-1 所示。

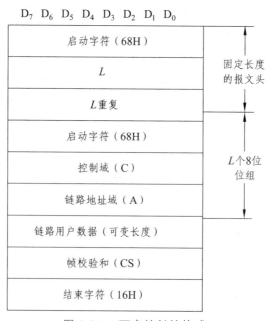

图 3-8-1　可变帧长帧格式

在线路上传输顺序如图 3-8-2 所示。

	11	10	9	8	7	6	5	4	3	2	1
（1）	1	1	0	1	1	0	1	0	0	0	0
（2）	1	P				L					0
（3）	1	P				L重复					0
（4）	1	1	0	1	1	0	1	0	0	0	0
（5）	1	P			控制域（C）						0
（6）	1	P			链路地址域（A）						0
	⋮	⋮									⋮
	1	P									0
	⋮	⋮									⋮
⋮	停止位	偶校验位				链路用户数据				停止位	
	1	P									0
	1	P			帧校验和（CS）						0
（N）	1	1	0	1	1	0	1	0	0	0	0

图 3-8-2 在线路上传输顺序

各个字符在线路上按（1）、（2）、（3）…（N）顺序依次出现，即低位先发传送。

传输规定：

（1）线路空闲状态为 1。

（2）每个字符有 1 位启动位（0），8 位数据位，1 位偶校验位，1 位停止位（1）。

（3）每个字符间无须线路空闲间隔。

（4）两帧之间的线路空闲间隔最少为 33 位。

（5）帧长度 L 包括控制域、地址域、用户数据的字节总数，L 最大为 250。

（6）帧校验和为控制域、地址域、用户数据中所有字节的算术和（不考虑溢出）。

（7）接收校验。

① 由串行接口芯片检查每个字符的启动位、停止位、偶校验位。

② 校验两个启动字符应一致，两个 L 值应一致，接收字符数 $L+6$、帧校验和、结束字符无差错则数据有效。

③ 在校验中，若检出一个差错，则舍弃此帧数据。

FT1.2 可变帧长帧格式用于由主站向子站传输数据，或由子站向主站传输数据。

二、FT1.2 固定帧长帧格式

具体格式如图 3-8-3 所示。

D_7	D_6	D_5	D_4	D_3	D_2	D_1	D_0
启动字符（10H）							
控制域（C）							
链路地址域（A）							
帧校验和（CS）							
结束字符（16H）							

图 3-8-3　固定帧长帧格式

在线路上传输顺序，各个字符在线路上按图 3-8-4 所示的（1）、（2）、（3）、（4）、（5）的顺序依次出现，即低位先传送。

	11	10	9	8	7	6	5	4	3	2	1
（1）	1	1	0	0	0	1	0	1	1	0	0
（2）	1	P	控制域（C）								
（3）	1	P	链路地址域（A）								
（4）	1	1	帧校验和（CS）								0
（5）	1	1	0	0	0	1	0	1	1	0	0

停止位　偶校验位　　　　　　　　　　　　启动位

图 3-8-4　在线路上传输顺序

传输规定：

（1）线路空闲状态为 1。

（2）每个字符有 1 位启动位（0），8 位数据位，1 位偶校验位，1 位停止位（1）。

（3）每个字符间无须线路空闲间隔。

（4）两帧之间的线路空闲间隔最少为 33 位。

（5）无帧长度 L。

（6）帧校验和为控制域、地址域中所有字节的算术和（不考虑溢出）。

（7）接收校验。

① 由串行接口芯片检查每个字符的启动位、停止位、偶校验位。

② 检查启动字符、结束字符以确定此帧长度是否正确。

③ 检查校验和。

④ 在校验中，若检出一个差错，则舍弃此帧数据。

FT1.2 固定帧长帧格式用于子站回答主站的确认报文，或主站向子站的询问报文。

三、单个字符

单个字符用于一般确认，如果子站无 1 级用户数据与 2 级用户数据，子站以单个字符 E5H 回答。

知识点三　链路传输规则

窗口尺寸为 1，即主站向子站触发一次传输服务，或者成功地完成或报告产生差错，之后才能开始下一轮的传输服务。对于发送/确认（SEND/CONFIRM）和请求/响应（REQUEST/RESPOND）传输服务在传输过程中受到干扰，用等待—超时—重发或等待—超时方式发送下一帧。发送/确认和请求/响应这两种服务由一系列在请求站和响应站之间不可分割的对话要素组成。本标准内采用的链路服务级别为 3 级，如表 3-8-2 所示。

表 3-8-2　链路服务级别

链路服务级别	功　能	用　　处
S_1	发送/无回答 （SEND/NO REPLY）	由主站向子站发送广播报文
S_2	发送/确认 （SEND/CONFIRM）	由主站向子站设置参数和发送遥控、设点、升降和执行命令
S_3	请求/响应 （REQUEST/RESPOND）	由主站向子站召唤数据，子站以数据或事件数据回答

服务原语和传输过程要素：

（1）数据通信由服务原语以及在通信站之间的链路传输规则来描述。

（2）服务原语是在服务用户和链路层之间的界面传送。

图 3-8-5 所示为无差错的传输过程。传输过程中由接收站检出传输差错，如接收站接收了受干扰的发送或请求帧后不做回答，由于所期望的确认或响应帧没有收到，启动站超时检

出；如启动站接收了受干扰的确认帧或响应帧，则舍弃此帧。

服务原语如下：

REQ：请求原语（REQUEST PRIMITIVE），由用户发出在链路层启动一次传输过程。

CON：确认原语（CONFIRM PRIMITIVE），由链路层发出以结束原语启动的传输过程。

IND：指示原语（INDICATION PRIMITIVE），由链路层向用户发出通知，希望传递数据给服务用户，或者触发某些服务用户进程。

RESP：响应原语（RESPOND PRIMITIVE），由用户发出，以数据响应来完成一个已启动的传输过程。

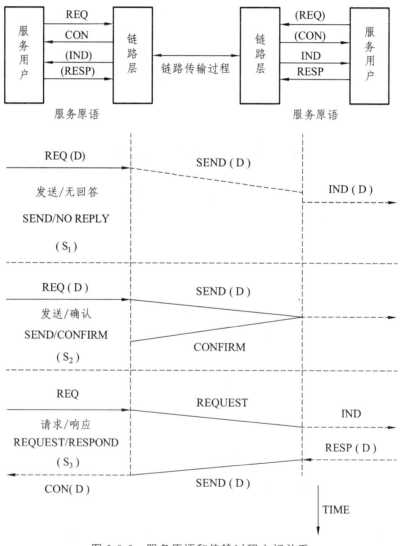

图 3-8-5 服务原语和传输过程之间关系

典型的服务原语的内容为：参数、条件和用户数据。

服务原语的内容如下：

① 用户数据。

② 否定/肯定认可或响应原语。

③ 数据流控制。

④ 访问要求。

⑤ 重传次数。

⑥ 链路层状态（重新启动条件）。

⑦ 传输服务类型（功能码，如 SEND/CONFIRM）。

一、发送/无回答（SEND/NO REPLY）服务

1. 服务原语

主站：链路层从用户接收请求原语 REQ（SEND/NO REPLY），若链路层可以传输即开始数据传输，若链路层不能传输，则链路层回送一个否定确认原语给用户。

子站：若链路层收到数据，向子站用户发出指示原语并将接收到的报文给用户。

2. 传输规则

只有在前一轮服务结束之后，才能开始新一轮的发送。

当一帧发送完后，按相关传输规定的要求发送线路空闲间隔。

二、发送/确认（SEND/CONFIRM）服务

1. 服务原语

主站：链路层从主站用户接收到请求原语 REQ（发送/确认 SEND/CONFIRM、重传次数）触发一次发送/确认（SEND/CONFIRM）过程，若不能传送报文，链路层向主站用户回送一个否定确认原语（否定发送/确认 NEG SEND/CONFIRM、差错状态）。

主站从子站收到否定确认，链路层将否定确认原语送给主站用户。当达到最大的重传次数，传送还未成功，链路层将否定确认原语送给主站用户。

主站从子站接收到确认，链路层将确认原语送给主站用户。

子站：从主站接收到报文，该站链路层向子站用户发出一个传送报文数据的指示原语。

2. 传输规则

（1）只有在前一轮传输结束之后，才能开始新一轮的发送。

（2）当子站正确收到主站传送的报文时，子站立即向主站发送一个确认帧。

（3）若子站由于过载等原因不能接收主站报文时，子站则应传送忙帧给主站。

（4）防止报文丢失和重复传送规则：

主站在新一轮发送/确认（SEND/CONFIRM）服务时，帧计数位（FCB）改变状态，并从子站收到无差错的确认帧，则这一轮的发送/确认（SEND/CONFIRM）传输服务即告结束。

若确认帧受到干扰或超时未收到确认帧，则不改变帧计数位的状态重发原报文，最大重发次数为 3 次。

在子站接收到主站的发送帧，并向主站发送确认帧，则在子站将此确认帧拷贝后保存起来，在前后两次接收到的发送帧中帧计数位的值不同，此时即将保存的确认帧清除，并形成新的确认帧，否则不管收到的帧的内容是什么，将原保存的确认帧重发。当收到一个复位命令（RESET），此帧的帧计数位为 0，则子站将其保存的帧计数值置为 0，并期待下一帧的帧计数位和帧计数有效位均为 1。

三、请求/响应（REQUEST/RESPOND）服务

1. 服务原语

主站：链路层在前一轮传输过程结束之后，从用户接收请求原语 REQ（请求/响应 REQUEST/RESPOND、重传次数），触发一次请求/响应传输，若链路层不能传输，则链路层向用户回送一个否定确认原语（否定请求/响应、差错状态）。

若主站从子站接收到响应报文，链路层送一个确认原语 CON（响应请求）给用户。

若主站从子站接收到否定确认，即子站没有所要求的数据，则链路层送一个否定确认原语（对请求的否定响应、差错状态）给用户。

若主站已达到重传次数而没有收到子站的回答，链路层将否定确认原语 CON（对请求的否定响应、传输差错）给用户。

子站：当接收到一个请求帧即发出指示原语给用户，若有所请求的数据，则用用户回答一个带数据的响应原语 RESP 给链路层，否则回送一个无所请求的数据的响应原语 RESP。

2. 传输规则

（1）只有在前一轮传输过程结束之后，才能触发新一轮的请求帧（REQUEST 帧）。

（2）子站接收到请求帧后将发送：

如有所请求的数据则发响应帧。

如无所请求的数据则发否定的响应帧。

（3）防止报文丢失和重复传送规则：

每次新的一轮请求/响应服务在主站端将帧计数位改变状态。主站接收到无差错的响应帧，则此一轮请求/响应服务即告终止，并将数据送给主站端用户。

若响应帧受到干扰或超时，则不改变帧计数位，重复发送请求帧，重发次数为 3 次。

在子站将接收到的帧计数位和相应的向主站发送的响应帧保存起来，若下一次接收到的帧计数位已改变状态，则将保存的响应帧清除并形成新的响应帧，若帧计数位状态未改变，则重发保存的响应帧。

四、等待—超时—重发、等待—超时

1. 等待—超时—重发

主站未收到子站发过来的确认帧或响应帧，超时后按服务用户给定的重传次数链路层重传原报文，直至等于重传次数为止。

等待—超时—重发又分为等待—环路延时超时（时间）—重发和等待—匹配超时（时间）—重发。

（1）等待—环路延时超时（时间）—重发：主站向子站发送请求帧或发送帧，由于干扰，子站接收出现差错，子站不向主站做任何回答。主站在发完后，经过超时时间（大于环路延时时间）即按重发次数，重发原报文，不改变帧计数位状态，重传后，主站正确收到报文，重传过程结束，即可改变帧计数位状态，发新报文。否则，直到重传次数等于规定次数仍未收到，也结束重传，改变帧计数位状态，发新报文。

（2）等待—匹配超时（时间）—重发：主站接收响应帧或确认帧时出现差错，主站按匹配超时的原则，检出线路空闲间隔后，按重发次数，不改变帧计数状态，重发原报文，重传后主站正确收到报文，重传过程结束。否则，直到重传次数等于规定次数，仍未收到，也结束重传，改变帧计数位状态，发新报文。本标准采用匹配超时方式，重传次数为 3 次。

2. 等待—超时

主站未收到子站发过来的确认帧或响应帧，超时后，即结束这一次传输服务，启动新一轮传输服务。

等待—超时又分为等待—环路延时超时（时间）和等待—匹配超时（时间）。

（1）等待—环路延时超时（时间）：当主站向子站发送请求帧或发送帧时，由于干扰，子站在接收过程中出现差错，子站不向主站做任何回答。主站在发完后，经过超时时间（大于环路延时时间），即可触发新一轮传输服务，改变帧计数位状态。

（2）等待—匹配超时（时间）：主站向子站发送请求帧或发送帧，子站正确接收后，回答一个响应帧或确认帧，由于干扰，主站没有正确接收到，主站即按匹配延时原则，检出到线路空闲间隔后，即可触发新一轮的传输服务。

启动两次传输服务的时间间隔受下述因素制约：系统要求变位遥信响应时间、传输速率、受干扰以后的超时时间、前置机或通信控制器的处理能力、传输帧长。

知识点四　控制域、地址域

一、控制域

控制域（C）有非平衡传输模式、平衡传输模式两处，如图 3-8-6 和图 3-8-7。

（一）非平衡传输模式（见图 3-8-6）

	D_7	D_6	D_5	D_4	D_3	D_2	D_1	D_0
主站到子站	RES	PRM	FCB	FCV	23	22	21	20
子站到主站			ACD	DFC	功能码			

图 3-8-6　控制域（非平衡传输模式）

1. 主站向子站传输报文中控制域（C）各位的定义

（1）RES 备用，通常为 0。

（2）启动报文位 PRM。PRM = 1，表示主站向子站传输，主站为启动站。

（3）帧计数位 FCB。主站向同一个子站传输新一轮的发送/确认（SEND/CONFIRM）或请求/响应（REQUEST/RESPOND）传输服务时，将 FCB 位取相反值，主站为每一个子站保留一个帧计数位的拷贝，若超时没有从子站收到所期望的报文，或接收出现差错，则主站不改变帧计数位（FCB）的状态，重复传送原报文，重复次数为 3 次。若主站正确收到子站报文，则该一轮的发送/确认（SEND/CONFIRM）或请求/响应（REQUEST/RESPOND）传输服务结束。复位命令的帧计数位常为 0，帧计数有效位 FCV = 0。

（4）帧计数有效位 FCV。FCV = 0 表示帧计数位（FCB）的变化无效。FCV = 1 表示帧计数位（FCB）的变化有效。

发送/无回答服务、重传次数为 0 的报文、广播报文时不需考虑报文丢失和重复传输，无须改变帧计数位（FCB）的状态，因此这些帧的计数有效位常为 0。

（5）功能码。主站向子站传输的功能码定义如表 3-8-3 所示。

表 3-8-3　主站向子站传输的功能码

功能码序号	帧类型	业务功能	帧计数有效位状态 FCV
0	发送/确认帧	复位远方链路	0
1	发送/确认帧	复位远动终端的用户进程（撤销命令）	0
2	发送/确认帧	用于平衡式传输过程测试链路功能	—
3	发送/确认帧	传送数据	1
4	发送/无回答帧	传送数据	0

功能码序号	帧类型	业务功能	帧计数有效位状态 FCV
5		备用	—
6、7		制造厂和用户协商后定义	—
8	请求/响应帧	响应帧应说明访问要求	0
9	请求/响应帧	召唤链路状态	1
10	请求/响应帧	召唤用户1级数据*	1
11	请求/响应帧	召唤用户2级数据**	
12、13		备用	—
14、15		制造厂和用户协商后定义	—

* 1级数据包括事件和高优先级报文。

** 2级数据包括循环传送或低优先级报文。

2. 子站向主站传输报文中控制域（C）各位的定义

（1）启动报文位 PRM。PRM = 0 表示子站向主站传输，子站为从动站。

（2）要求访问位 ACD。ACD = 1 表示子站希望向主站传输1级数据。

（3）数据流控制（DFC）：

DFC = 0 表示子站可以继续接收数据。

DFC = 1 表示子站数据区已满，无法接收新数据。

（4）功能码。子站向主站传输的功能码定义见表3-8-4。

表 3-8-4　子站向主站传输的功能码

功能码序号	帧类型	功　能	功能码序号	帧类型	功　能
0	确认帧	确认	10		备用
1	确认帧	链路忙、未接收报文	11	响应帧	以链路状态或访问请求回答请求帧
2~5		备用	12		备用
6、7		制造厂和用户协商后定义	13		制造厂和用户协商后定义
8	响应帧	以数据响应请求帧	14		链路服务未工作
9	响应帧	无所召唤的数据	15		链路服务未完成

① 主站召唤1级数据（遥信变位），子站如有数据变化以响应帧回答。

如响应帧1帧传不完这类变化数据，ACD = 1。

用户1级数据：变位遥信、由读数命令所寻址的信息体的数据、子站初始化结束和子站状态变化。

② 主站召唤2级数据（如事件顺序记录），子站以事件顺序记录的响应帧回答。

如响应帧 1 帧传不完全部事件顺序记录，继续用召唤 2 级数据报文召唤；如无事件顺序记录，以无所要求数据报文回答。

用户 2 级数据：超过门限值的遥测量、子站改变下装参数、水位超过门限值、变压器分接头变化、事件顺序记录数据、带时标的其他量。

遥测、遥信、水位、变压器分接头位置和远动终端状态也属于 2 级用户数据，这些数据由主站召唤命令或分组召唤命令召唤后向主站传送。

③ 主站召唤遥测、遥信全数据等，子站以相应报文作为响应帧回答。

电能脉冲计数量由电能脉冲计数量的总召唤命令或者分组召唤命令召唤后向主站传送。

（二）平衡传输模式（见图 3-8-7）

	D_7	D_6	D_5	D_4	D_3	D_2	D_1	D_0
主站到子站	DIR	PRM	FCB	FCV	2^3	2^2	2^1	2^0
子站到主站			ACD	DFC	功能码			

图 3-8-7　控制域（平衡传输模式）

传输方向位 DIR。DIR = 0，表示报文是由主站向子站传输。DIR = 1 表示报文是由子站向主站传输。

其余位数定义与非平衡传输模式相同。

二、地址域

地址域（A）的含义是当由主站触发一次传输服务，主站向子站传送的帧中表示报文所要传送的目的站址，即子站站址；当由子站向主站传送帧时，表示该报文发送的源站址，即表示该子站站址。地址域是对链路层而言。

图 3-8-8　地址域

LSB—最低位；MSB—最高位

地址域的值为 0 至 255，其中 FFH = 255 为广播站地址，即向所有站传送报文。

知识点五　应用服务数据单元

一、信息元素表示规则

信息元素由表 3-8-5 所述表示法所定义。

表 3-8-5 信息元素表示规则

项 目	数据类型	数据宽度	比特位置	值和码	功 能
信息元素名称：=	TYPE	i	$[P_1 \sim P_1 + i - 1]$	$<V1 \sim Vn 码>$	:= Function

注：赋值符"：="用来将信息域说明和信息元素名称、功能和域说明联系起来。

1. 数据类型

数据类型详见表 3-8-6。

表 3-8-6 数据类型

类型序号	数据类型	表示符	含义	类型序号	数据类型	表示符	含义
1	不带符号整数	UI	正整数	5	实数	R	正或负的浮点数
2	整数	I	正或负整数	6	位串	BS	独立的位组装起来
3	不带符号的定点数	UF	正定点数	7	八位位组串	OS	多个八位位组组装起来
4	定点数	F	正或负的定点数				

2. 数据宽度

数据宽度 i 跟在数据类型后面，它代表数据区内位的个数。

3. 位的位置

位的位置用方括号 $[P_1 \sim P_n]$ 表示。P_1 和 P_n 分别代表数据域的第 1 位和最后一位。位序如表 3-8-7 所示。

表 3-8-7 位的位置

八位位组号	位							
1	8	7	6	5	4	3	2	1
2	16	15	14	13	12	11	10	9
⋮	⋮	⋮	⋮	⋮	⋮	⋮	⋮	⋮
j	$8j$	$8j-1$	$8j-2$	$8j-3$	$8j-4$	$8j-5$	$8j-6$	$8j-7$

若一个位串的宽度为 6，表中阴影区域所示的部分可以表示成 BS6[7 ~ 12]。

4. 值和码

在数据域中用三角框 $<V1 \sim VnCODE>$ 表示值和码，$V1 \sim Vn$ 表示值的范围，CODE 表示所使用的码制。码制如二进制（BIN）、二—十进制（BCD）、格雷码、K—OF—N 码、ASCII 码等，缺省值为二进制码。

若数据类型为一个数（整数、定点数或实数），则定义为<value1（下限）~ value2（上限）CODE>。

不带符号的整数如表示一个星期有几天为 UI3<1 ~ 7BIN>，简写为 UI3<1 ~ 7>。

星期三的<值码>可以表示为<3BIN>或<3>。

5. 功能符号和功能

一个特定的数据域的功能目的用赋值符"： ="表示。

data type i [P1 ~ Pi]<CODE>： = function

功能用功能文字、简写符号和等值符号"="表示，如

        error = ER： = BS1[8]

差错位用简写符 ER 表示，并表示位串宽度为 1，为数据域的第 8 位。

6. 数据域顺序标识符

如果一个信息元素由不同的数据域所组成，用综合（COMPOUND）数据域或顺序（SEQUENCE）数据域表示，如表 3-8-8 所示。

表 3-8-8　数据域顺序标识符

域 顺 序	符 　号	含 　义
COMPOUND	CP	数据域的序列按位顺序安排
SEQUENCE	SQ	数据域的序列中每个数据域都是从第 1 位开始

例如，信息元素： = CP_i {数据域 1，数据域 2……}。

数据域 1： = 数据类型 1 宽度 i_1[1 ~ i_1]： = function1。

数据域 2： = 数据类型 2 宽度 i_2[i_1 + 1 ~ i_1 + i_2]： = function2。

    ⋮

信息元素： = SQi[数据域 1，数据域 2 ~]。

数据域 1： = 数据类型 1 宽度 i_1 [1 ~ i_1]： = function1。

数据域 2： = 数据类型 2 宽度 i_2[1 ~ i_2]： = function2。

二、参考模型

在本标准中使用的参考模型源于开放式系统互联的 ISO-OSI 参考模型。 由于远动系统在有限传输带宽下要求特别短的反映时间，故本标准采用增强性能结构（EPA），这种模型仅用三层即物理层、链路层、应用层。

用于增强性能结构模型的传输帧的信息结构如图 3-8-9 所示。

图 3-8-9 使用参数模型 EPA 的帧结构

三、应用数据结构

规约数据单元由规约控制信息和服务数据单元组成。由于本标准中未采用应用规约控制信息（APCI），所以在应用层中的应用规约数据单元和应用服务数据单元是一样的，也和链路层中的链路服务数据单元是一致的。

本标准中属于链路规约控制信息的内容是：两个启动字符、两个 L、控制域、链路地址域、帧校验和结束字符。

链路规约数据单元即报文由两部分组成，即链路规约控制信息和应用服务数据单元（即应用规约数据单元或链路服务数据单元）。

一个链路规约数据单元只包含一个应用服务数据单元。

四、应用服务数据单元（ASDU）结构

应用服务数据单元即报文的数据区，其一般结构如表 3-8-9 所示，它由数据单元标识、一个或多个信息体和应用服务数据单元的公共时标所组成。

表 3-8-9　应用服务数据单元结构

ASDU	ASDU 的域	
数据单元标识	数据单元类型	类型标识
		ASDU 长度*
		可变结构限定词
	传送原因	
	公共地址	
信息体	信息体类型*	
	信息体地址	
	信息体元素	
	信息体时标	
信息体	公共时标*	

注：*为任选项，本标准中未采用。

数据单元标识符：= CP32{类型标识、可变结构限定词、传送原因、公共地址}。

信息体：= CP16 + 8j + 8t{信息体地址、信息元素集、时标}。

可变参数 j：= 信息元素的 8 位位组数。

可变参数 t：= 若为 3 代表时标，为 0 表示无时标。

数据单元标识符在所有应用服务数据单元中的结构应相同，在一个应用服务数据单元中信息体的结构和类型应相同，结构和类型由类型标识定义。

数据单元标识符由类型标识、可变结构限定词、传送原因和应用服务单元的公共地址所组成，每一项均为 8 位位组。

1. 类型标识

信息体的结构、类型和格式由类型标识定义。在一个特定的应用服务数据单元中的所有信息体均有同一种结构、类型和格式。

信息体带有或是不带有时标是由类型标识的不同序号所表示。

应用服务数据单元中未定义的类型标识的值，主站和子站均将拒收。

类型标识为一个 8 位位组，代表应用服务数据单元的类型，它表示：

① 信息体的元素是单个的、序列的（一种类型）或者是综合的。

② 信息元素的格式类型。

③ 表示有或者无信息体。

④ 表示有或者无公共时标及信息体时标。

⑤ 寻址方式。

类型标识：= TYPE IDENTIFICATION

：= UI8［1～8］＜1～255＞

＜1～127＞：= 为配套标准定义。

注：租用路由报文的应用服务数据单元和标准的应用服务数据单元有相同的数据单元标识符，这些应用服务数据单元被传送到应用服务数据单元公共地址所定义的站，这些应用服务数据单元的信息体是专用的在此路由站不进行处理。

＜128～135＞：= 为租用路由报文的应用服务数据单元之用（专用范围）。

＜136～255＞：= 为特殊用途保留（专用范围）。

值<0>未使用，在本配套标准定义了 1～127 的值，128～255 的数的范围未定义，这些类型标识序号可以由用户自己定义,然而只有使用具有类型标识序号 1～127 的应用服务数据单元才能达到完全互换的目的。

子站→主站过程信息：

TYPE IDENTIFICATION：= UI8[1～8]〈0～44〉

类型标识〈1〉：= 不带时标的单点信息 　　（SQ = 1，SQ = 0）M_SP_NA_1

类型标识〈2〉：= 带时标的单点信息 　　（SQ = 0）M_SP_TA_1

类型标识〈3〉：= 不带时标的双点信息 　　（SQ = 1，SQ = 0）M_DP_NA_1

类型标识〈4〉：= 带时标的双点信息 　　（SQ = 0）M_DP_TA_1

类型标识〈5〉：= 步位置信息（变压器分接头信息） （SQ = 0）M_ST_NA_1

类型标识〈6〉：= 带时标的步位置信息（变压器分接头） （SQ = 0）M_ST_TA_1

类型标识〈7〉：= 子站远动终端状态 （SQ = 0）M_BO_NA_1

类型标识〈9〉：= 测量值 （SQ = 1，SQ = 0）M_ME_NA_1

类型标识〈10〉：= 带时标的测量值 （SQ = 0）M_ME_TA_1

类型标识〈15〉：= 电能脉冲计数量 （SQ = 0）M_IT_NA_1

类型标识〈16〉：= 带时标的电能脉冲计数量 （SQ = 0）M_IT_TA_1

类型标识〈17〉：= 带时标的继电保护或重合闸设备单个事件 （SQ = 0）M_EP_TA_1

类型标识〈18〉：= 带时标的继电保护装置成组启动事件 （SQ = 0）M_EP_TB_1

类型标识〈19〉：= 带时标的继电保护装置成组输出电路 （SQ = 0）M_EP_TC_1

信息事件：

类型标识〈20〉：= 具有状态变位检出的成组单点信息 （SQ = 0）M_PS_NA_1

类型标识〈21〉：= 不带品质描述的测量值 （SQ = 0）M_ME_ND_1

（SQ = 1）

类型标识〈22 ~ 44〉：= 为配套标准保留（兼容范围）

类型标识〈232〉：= BCD码（水位值） （SQ = 0）M_BD_NA_1

（SQ = 1）

主站→子站在控制方向的过程信息：

TYPE IDENTIFICATION：= UI8［1 ~ 8］〈45 ~ 69〉

CON　类型标识〈45〉：= 单点遥控命令 （SQ = 0）C_DC_NA_1

CON　类型标识〈46〉：= 双点遥控命令 （SQ = 0）C_DC_NA_1

CON　类型标识〈47〉：= 升降命令 （SQ = 0）C_RC_NA_1

CON　类型标识〈48〉：= 设定命令 （SQ = 0）C_SE_NA_1

CON　类型标识〈51〉：= 32位的位串 C_BO_NA_1

〈52 ~ 69〉：= 为配套标准保留（兼容范围）

子站→主站在监视方向的系统信息：

TYPE IDENTIFICATION ：= UI8［1 ~ 8］〈70 ~ 99〉

类型标识〈70〉：= 初始化结束 （SQ = 0）M_EI_NA_1

〈71 ~ 99〉：= 为配套标准保留（兼容范围）

主站→子站在控制方向的系统信息：

CON　类型标识〈100〉：= 召唤命令 （SQ = 0）C_IC_NA_1

CON　类型标识〈101〉：= 电能脉冲召唤命令 （SQ = 0）C_CI_NA_1

CON　类型标识〈102〉：= 读数据命令 （SQ = 0）C_RD_NA_1

CON　类型标识〈103〉：= 时钟同步命令 （SQ = 0）C_CS_NA_1

CON　类型标识〈104〉：= 测试命令 （SQ = 0）C_TS_NA_1

CON　类型标识〈105〉：= 复位进程命令 （SQ = 0）C_RP_NA_1

CON　类型标识〈106〉：= 延时获得命令（本标准未使用） C_CD_NA_1

〈101～109〉：＝为配套标准保留（兼容范围）

在控制方向的参数：

TYPE IDENTIFICATION：＝UI8［1～8］〈110～119〉

CON	类型标识〈110〉：＝装载参数命令	（SQ＝0）	P_ME_NA_1
CON	类型标识〈113〉：＝激活参数	（SQ＝0）	P_AC_NA_1

〈114～119〉＝为配套标准保留（兼容范围）

注：在控制方向上具有 CON 标记的应用服务数据单元，在监视方向上可以传送同样的报文内容，只是传送原因会不相同，在监视方向上这些应用服务数据单元用作肯定或否定确认。

文件传输的类型标识：

TYPE IDENTIFICATION ：＝UI8［1～8］〈120～127〉

类型标识〈120〉：＝文件已准备好   F_FR_NA_1

类型标识〈121〉：＝节已准备好   F_SR_NA_1

类型标识〈122〉：＝召唤目录、选择文件、召唤文件、召唤节   F_SC_NA_1

类型标识〈123〉：＝最后的节、最后的段   F_LS_NA_1

类型标识〈124〉：＝确认文件，确认节   F_AF_NA_1

类型标识〈125〉：＝段   F_SG_NA_1

类型标识〈126〉：＝目录   F_DR_NA_1

〈127〉：＝保留

2. 可变结构限定词

可变结构限定词见图 3-8-10，它表示信息体是顺序的，还是非顺序的，并表示信息体的个数，如信息体数目等于 0，则表示没有信息体。

图 3-8-10 可变结构限定词

可变结构限定词＝VARIABLE STRUCTURE QUALIFIER：＝CP8｛number，SQ｝

数目 N ： ＝UI7［1～7］〈0～127〉

〈0〉：＝应用服务数据单元无信息体

〈1～127〉：＝信息体或元素数目

SQ＝单个／顺序 ： ＝BS1［8］〈0～1〉

〈0〉：＝寻址同一类型的一些信息体的单独的信息元素或综合的信息元素

〈1〉：＝寻址一个信息体的顺序信息元素

SQ〈0〉和 N〈0～127〉：＝信息体数目

SQ〈1〉和 N〈0～127〉：＝每一个应用服务数据单元的一个信息体内信息元素的数目

SQ 位表示信息体或元素寻址方法。

SQ = 0 表示每个信息元素或一个综合的信息元素都由信息体地址寻址，应用服务数据单元内可以包含一个信息或多于一个的类似的信息体，数 N 为二进制数，表示信息体数目。

SQ = 1 表示应用服务数据单元内有类似的顺序信息元素（如同一格式的遥测量）由信息体地址寻址，其信息体地址为序列信息元素中第一个信息元素的地址，后续信息元素的地址为依次加 1，数 N 为二进制数表示信息元素的数目，每一个应用服务数据单元内仅安排一个信息体，信息体为一组顺序信息元素。

3. 传送原因

传送原因表示的是周期传送、突发传送、总询问，还是分组询问、请求数据、重新启动、站启动、测试、确认、否定确认。

传送原因的功能是当接收时将应用服务数据单元传送给特定的应用任务（程序）时便于处理。

传送原因为一个 8 位位组，如图 3-8-11 所示。

图 3-8-11　传送原因

传送原因　：= CP8 {原因，P/N，T}

原因　：= UI6 [1 ~ 6]〈0 ~ 63〉

〈0〉：= 未定义

〈1 ~ 63〉：= 传送原因序号

〈1 ~ 47〉：= 为配套标准保留（兼容范围）

〈48 ~ 63〉：= 为特殊用途保留（专用范围）

P/N　：= BSl [7]〈0 ~ 1〉

〈0〉：= 肯定认可

〈1〉：= 否定认可

T = TEST　：= BSl [8]〈0 ~ 1〉

〈0〉：= 未试验

〈1〉：= 试验

〈1〉：= 周期、循环　　　　　　　　　　　　　　　　per/cyc

〈2〉：= 背景扫描*　　　　　　　　　　　　　　　　back

* 背景扫描用在监视方向，在低优先级连续扫描的基础上使控制站和被控站的过程信息同步。

传送原因：

〈3〉：= 突发　　　　　　　　　　　　　　　　　　spont

〈4〉：= 初始化   init

〈5〉：= 请求或被请求   req

〈6〉：= 激活   act

〈7〉：= 激活确认   actcon

〈8〉：= 停止激活   deact

〈9〉：= 停止激活确认   deactcon

〈10〉：= 激活结束   actterm

〈11〉：= 远程命令引起的返送信息   retrem

〈12〉：= 当地命令引起的返送信息   retloc

〈13〉：= 文件传送   file

〈14～19〉：= 保留

〈20〉：= 响应总召唤   introgen

〈21〉：= 响应第 1 组召唤   intro1

〈22〉：= 响应第 2 组召唤   intro2

〈23〉：= 响应第 3 组召唤   intro3

〈24〉：= 响应第 4 组召唤   intro4

〈25〉：= 响应第 5 组召唤   intro5

〈26〉：= 响应第 6 组召唤   intro6

〈27〉：= 响应第 7 组召唤   intro7

〈28〉：= 响应第 8 组召唤   intro8

〈29〉：= 响应第 9 组召唤   intro9

〈30〉：= 响应第 10 组召唤   intro10

〈31〉：= 响应第 11 组召唤   intro11

〈32〉：= 响应第 12 组召唤   intro12

〈33〉：= 响应第 13 组召唤   intro13

〈34〉：= 响应第 14 组召唤   intro14

〈35〉：= 响应第 15 组召唤   intro15

〈36〉：= 响应第 16 组召唤   intro16

〈37〉：= 响应计数量总召唤   reqcogcn

〈38〉：= 响应第 1 组计数量召唤   reqco1

〈39〉：= 响应第 2 组计数量召唤   reqco2

〈40〉：= 响应第 3 组计数量召唤   reqco3

〈41〉：= 响应第 4 组计数量召唤   reqco4

〈42～47〉：= 为配套标准保留（兼容范围）

〈48～63〉：= 为特殊用途保留（专用范围）

测试位 T 用在测试条件下的应用服务数据单元中，用以测试传输和设备而不影响过程。

在控制方向上标有 CON 的应用服务数据单元，在监视方向上可以形成镜像（即有同样报文内容）只是传送原因不同，P/N 位用以对启动的应用功能所请求的激活以肯定或否定确认。

4. 公共地址

应用服务数据单元的公共地址为一个 8 位位组，它作为应用服务数据单元的寻址地址和一个应用服务数据单元的所有信息体联系在一起。

应用服务数据单元的公共地址为〈0〉：＝未用

〈1～254〉：＝应用服务数据单元寻址地址、站地址

〈255〉：＝广播地址、对所有站总地址

广播报文按发送/无回答的链路传输服务的规定传输。

5. 信息体地址

信息体由信息体标识和一组信息元素以及信息体时标（如果有的话）组成。

信息体标识仅由信息体地址组成，信息体地址和应用服务数据单元的公共地址一起可以区分全部信息元素集，这两个地址结合起来在每一个系统中必须是有明确含义的，类型标识既不是公共地址的一部分，也不是信息体地址的一部分。

信息体地址在控制方向作为目的地址，在监视方向用作源地址。在一些应用服务数据单元没有用上信息体地址的话，信息体地址就为 0。

信息体地址为两个 8 位位组，如图 3-8-12 所示。

图 3-8-12　信息体地址

信息体地址分配见表 3-8-10 和表 3-8-11。

表 3-8-10　信息体地址分配

信息	信息体地址
遥信	0x0001 ～ 0x1000
遥测	0x4001 ～ 0x5000
遥控	0x6001 ～ 0x6200
遥调	0x6201 ～ 0x6400
电度	0x6401 ～ 0x6600

表 3-8-11　信息体地址分配举例

信息类型	信息地址	说明	信息容量
单遥信	1 ~ 80	1 点/1 地址	80 点
遥测量	81 ~ 130	1 点/2 地址	50/2 = 25 点
累计量	131 ~ 370	1 点/4 地址	240/4 = 60 点
遥控量	371 ~ 450	1 点/1 地址	80 点
参数	451 ~ 650	1 点/2 地址	200/2 = 100 点
文件	1 000 ~ 1 010	1 种文件/1 地址	

知识点六　信息元素

一、带品质描述的单点信息 SIQ

带品质描述的单点信息 SIQ 见图 3-8-13。

IV	NT	SB	BL	RES	SPI

图 3-8-13　带品质描述的单点信息

SIQ：= CP8 {SPL RES、BL、SB、NT、IV}

SPI：= BS1［1］〈0~1〉　　　　　RES ：= BS3［2~4］〈0〉

　〈0〉：= OFF 开

　〈1〉：= ON 合

BL ：= BS1［5］〈0~1〉　　　　SB：= BS1[6] 〈0~1〉

〈0〉：= 未被封锁　　　　　　　〈0〉：= 未被取代

〈1〉：= 被封锁　　　　　　　　〈1〉：= 被取代

NT ：= BSI［7］〈0~1〉

〈0〉：= 当前值　　　　　　　　〈0〉：= 有效

〈1〉：= 非当前值　　　　　　　〈1〉：= 无效

BL：= 封锁/未被封锁

信息体的值被闭锁后，为了传输需要，传输被封锁前的值，封锁和解锁可以由当地联锁机构或当地其他原因来启动。

SB：= 取代/未被取代

信息体的值被值班员的输入值或由一个自动装置的输入所取代。

NT：= 当前值/非当前值

若最近的刷新成功则值就称为当前值。若在一个指定的时间间隔内刷新不成功或者值不可用就称为非当前值。

IV：= 有效/无效

若值被正确采集就是有效，在采集功能确认信息源的反常状态（丧失或非工作刷新）则值就是无效，信息体值在这些条件下没有被定义。标上无效用以提醒使用者，此值不正确而不能被使用。

二、带品质描述的双点信息 DIQ

带品质描述的双点信息 DIQ 见图 3-8-14。

IV	NT	SB	BL	RES	DPI

图 3-8-14　带品质描述的双点信息

DIQ：= CP8｛DPI、RES、BL、SB、NT、IV｝

DPI：= UI2［1～2］〈0～3〉

〈0〉：= 中间状态或不确定

〈1〉：= 确定状态开（OFF）

〈2〉：= 确定状态合（ON）

〈3〉：= 中间状态或不确定

三、带瞬变状态指示的值 VTI

带瞬变状态指示的值 VTI（如变压器分接头信息）见图 3-8-15。

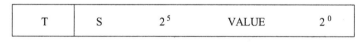

T	S	2^5	VALUE	2^0

图 3-8-15　带瞬变状态指示的值

VTI：= CP8｛value、T｝

VALUE = 值：= I7［1～7］〈64～+63〉

T = 过渡：= BS1［8］〈0～1〉

〈0〉：= 设备未在瞬变状态

〈1〉：= 设备处于瞬变状态

四、32 位位串 BO

32 位位串 BO（表示远动终端状态）见图 3-8-16。

			位串				
			位串				
			位串				
			位串				
IV	NT	SB	BL	RES			

图 3-8-16 32 位位串

BO：= CP40 ｛BSI、RES、BL、SB、NT、IV｝

BSI：= 32BS1［1～32］〈0～1〉

运行中 RAM 异常 ： = BS1［1］〈0～1〉

　　〈0〉：= 正常

　　〈1〉：= 异常

当地显示子系统异常 ： = BS1［7］〈0～1〉

　　〈0〉：= 正常

　　〈1〉：= 异常

变位遥信使遥控、升降、设定命令取消 ： = BS1［2］〈0～1〉

　　〈0〉：= 未取消

　　〈1〉：= 取消

UPS 状态 ： = BS1［17］〈0～1〉

　　〈0〉：= 正常

　　〈1〉：= 异常

自动发电控制：= BS1［21］〈0～1〉

开关状态：

　　〈0〉：= 合上

　　〈1〉：= 未合上

遥控转当地 ： = BS1［19］〈0～1〉

　　〈0〉：= 远方控

　　〈1〉：= 当地控

无人值班 ： = BS1［20］〈0～1〉

　　〈0〉：= 无人值班

　　〈1〉：= 有人值班

系统重新启动 ： = BS1［25］〈0～1〉

　　〈0〉：= 正常

　　〈1〉：= 启动

冷启动：= BS1［26］〈0～1〉

　　〈0〉：= 未启动

　　〈1〉：= 冷启动

系统自检：＝BS1〔27〕〈0～1〉

程序 ROM：

　〈0〉：＝正常

　〈1〉：＝异常

系统自检：＝BS1〔28〕〈0～1〉

参数存储〈0〉：＝正常

　　　　〈1〉：＝异常

系统自检：＝BS1〔29〕〈0～1〉

数据存储〈0〉：＝正常

　　　　〈1〉：＝异常

电源故障引起 CPU 不工作：＝BS1〔30〕〈0～1〉

　〈0〉：＝正常

　〈1〉：＝不工作

短时间干扰引起 CPU 不正常：＝BS1〔31〕〈0～1〉

　〈0〉：＝正常

　〈1〉：＝干扰

电源单元有故障：＝BS1〔32〕〈0～1〉

　〈0〉：＝正常

　〈1〉：＝有故障

五、模拟量

模拟量见图 3-8-17。

NVA：＝F16〔1～16〕$\langle -1 \sim +1-2^{15} \rangle$

2^{-8}	2^{-9}	2^{-10}	2^{-11}	2^{-12}	2^{-13}	2^{-14}	2^{-15}
S	2^{-1}	2^{-2}	2^{-3}	2^{-4}	2^{-5}	2^{-6}	2^{-7}

图 3-8-17　模拟量

模数转换器的最高位为 2^{-1}，如模数转换器不是 16 位，而是 12 位，则低位补 0。

六、品质描述 QDS（单个 8 位位组）

QDS：＝CP8｛OV、RES、BL、SB、NT、IV｝

OV：＝BS1〔1〕〈0～1〉

〈0〉：＝未溢出

〈1〉：＝溢出

其他同带品质描述的双点信息 DIQ 所述。

七、日历时钟

日历时钟见图 3-8-18。

2^7	Milliseconds				2^0	0~59 999 ms
2^{15}	Milliseconds				2^8	0~59 min
IV	RES1	2^5	Minutes		2^0	0~23 h
SU	RES2	2^4	Hours		2^0	1~7, Day of week
2^2	Days of work	2^0	2^4	Days of month	2^0	1~31, Day of month
RES3			2^3	Minutes	2^0	1~12, Months
RES4	2^6		Years		2^0	0~99, Years

注：SU＝0 标准时间；SU＝1 夏时制。

图 3-8-18　日历时钟

日历时钟＝CP56Time 2a：＝CP56 {Milliseconds、Minutes、RES1、Invalid、Hours、RES2、Summer-time、Day of month、Day of week、Months、RES3、Years、RES4}

Milliseconds：＝UI16[1~16]〈0~59999〉

Minutes：＝UI6[17~22]〈0~59〉

RES1：＝BS1[23]；RES2：＝BS2[30~31]；RES3：＝BS4[45~48]

Invalid：＝BS1[24]〈0~1〉

〈0〉：＝有效；〈1〉：＝无效

Hours：＝UI5[24~29]〈0~23〉；Months：＝BS4[41~44]〈1~12〉

Day of month：＝U17[49~55]〈0~99〉

RES4：＝BS1[56]

八、遥控命令 DCO 和升降命令 RCO

遥控命令 DCO 见图 3-8-19，升降命令 RCO 见图 3-8-20。

S/E	QU	DCS

图 3-8-19 遥控命令

S/E	QU	RCS

图 3-8-20 升降命令

DCO：＝CP8{DCS，QOC}

DCS＝双点遥控状态：＝UI2[1～2]〈0～3〉

〈0〉：＝不允许

〈1〉：＝OFF，开

〈2〉：＝ON，合

〈3〉：＝不允许

QOC ：＝CP6[3～8]{QU，S/E}

QU ：＝UI5[37]〈0～31〉

〈0〉：＝无定义，可以用于被寻址的控制功能的属性（如脉冲持续时间等），这些属性在被控站事先定义而不由控制中心来选择

〈1〉：＝短脉冲持续时间（断路器），持续时间由远方终端系统参数决定

〈2〉：＝长脉冲持续时间，持续时间由远方终端系统参数决定

〈3〉：＝持续输出

〈4～8〉：＝为配套标准保留（兼容范围）

〈9～15〉：＝为其他预先定义功能保留，用于有固定属性的控制功能，这些属性在被控站事先定义

〈16～31〉：＝为特殊用途保留（专用范围）

S/E ：＝BS1[8]〈0～1〉

〈0〉：＝执行

〈1〉：＝选择

RCO＝CP8{RCS，QOC}

RCS＝升降命令状态 ：＝UI2[1～2]〈0～3〉

〈0〉：＝不允许

〈1〉：＝降一步

〈2〉：＝升一步

〈3〉：＝不允许

QOC：＝CP6[3～8]{QU，S/E}同上

九、时标和时间

时标见图 3-8-21，时间见图 3-8-22。

2^7	Milliseconds		2^0
2^{15}	Milliseconds		2^8
IV	RES	2^5 Minutes	2^0

图 3-8-21　时标

2^7	2^6	2^5	2^4	2^3	2^2	2^1	2^0
2^{15}	2^{14}	2^{13}	2^{12}	2^{11}	2^{10}	2^9	2^8

图 3-8-22　时间

时标 = CP24Time2a：= CP24{Milliseconds、Minutes、RES、Invalid}

Milliseconds：= UI16[1 ~ 16]〈0 ~ 59999〉

Minutes：= UI6[17 ~ 22]〈0 ~ 59〉

RES：= BS1[23]

Invalid = IV：= BS1[24]〈0 ~ 1〉

〈0〉：= 有效

〈1〉：= 无效

时间 = 继电器动作时间/继电器持续时间

　　　= CP16Time2a：= UI16[1 ~ 16]〈0 ~ 59999〉

十、事件顺序记录和带时标的量

1. 继电器保护装置的单个事件 SEP（见图 3-8-23）

IV	NT	SB	BL	EI	RLS	ES

图 3-8-23　继电器保护装置的单个事件

SEP：= CP8{ES、RES、EI、BL、SB、NT、IV}

ES = 事件状态：= UI2[1 ~ 2]〈0 ~ 3〉

　　　〈0〉：= 不确定

　　　〈1〉：= 开（OFF）

　　　〈2〉：= 合（ON）

　　　〈3〉：= 不确定

RES = 备用：= BS1[3]〈0〉

EI：= BS1[4]〈0 ~ 1〉

〈0〉：=动作时间有效

〈1〉：=动作时间无效

若动作时间值被正确采集就为有效。在采集功能确认它为反常状态时，则动作时间值为无效，信息体动作时间值在这些条件下未被定义。标上无效用以提醒使用者，此值不正确而不能被使用。

BL：=BS1[5]〈0~1〉

　　〈0〉：=未被封锁

　　〈1〉：=被封锁

SB：=BS1[6]〈0~1〉

　　〈0〉：=未被取代

　　〈1〉：=被取代

NT：=BS1[7]〈0~1〉

　　〈0〉：=当前值

　　〈1〉：=非当前值

IV：=BS1[8]〈0~1〉

　　〈0〉：=事件有效

　　〈1〉：=事件无效

2. 对于继电保护装置事件的品质描述 QDP

对于继电保护装置事件的品质描述 QDP 见图 3-8-24。

IV	NT	SB	BL	EI	RES

图 3-8-24　对于继电保护装置事件的品质描述

QDP：=CP8{RES、EI、BL、SB、NT、IV}

RES=备用：=BS3[1~3]〈0〉

EI ：=BS1[4]〈0~1〉

　　〈0〉：=动作时间有效

　　〈1〉：=动作时间无效

BL：=BS1[5]〈0~1〉

　　〈0〉：=未被封锁

　　〈1〉：=被封锁

SB：=BS1[6]〈0~1〉

　　〈0〉：=未被取代

　　〈1〉：=被取代

NT：=BS1[7]〈0~1〉

　　〈0〉：= 当前值

　　〈1〉：= 非当前值

IV：= BS1[8]〈0 ~ 1〉

　　〈0〉：= 事件有效

　　〈1〉：= 事件无效

3. 继电保护装置启动事件 SPE

继电保护装置启动事件 SPE 见图 3-8-25。

RES	SRD	SIE	SL3	SL2	SL1	GS

图 3-8-25　继电器保护装置启动事件

SPE：= BS8｛GS、SL1、SL2、SL3、SIE、SRD、RES｝

GS = 总启动 ：= BS1[1]〈0 ~ 1〉

　　〈0〉：= 无总启动

　　〈1〉：= 总启动

SLl = 保护 A 相启动：= BS1[2]〈0 ~ 1〉

　　〈0〉：= A 相未启动

　　〈1〉：= A 相启动

SL2 = 保护 B 相启动：= BS1［3］〈0 ~ 1〉

　　〈0〉：= B 相未启动

　　〈1〉：= B 相启动

SL3 = 保护 B 相启动：= BS1［4］〈0 ~ 1〉

　　〈0〉：= C 相未启动

　　〈1〉：= C 相启动

SIE = 接地电流保护启动：= BS1［5］〈0 ~ 1〉

　　〈0〉：= 接地电流保护　未启动

　　〈1〉：= 接地电流保护　启动

SRD = 保护反相启动：= BS1［6］〈0 ~ 1〉

　　〈0〉：= 保护反相启动　未启动

　　〈1〉：= 保护反相启动　启动

RES = 备用：= BS2[7 ~ 8]〈0〉

4. 保护装置输出电路信息 OCI

保护装置输出电路信息 OCI 见图 3-8-26。

RES	CL3	CL2	CL1	GC

图 3-8-26　保护装置输出电路信息

OCI：= BS8{GC、CL1、CL2、CL3、RES}

GC = 总命令输出至输出电路：= BS1[1]〈0 ~ 1〉

〈0〉：= 无总命令输出至输出电路

〈1〉：= 总命令输出至输出电路

CL1 = A 相保护输出至输出电路 ： = BS1[2]〈0～1〉

〈0〉：= A 相保护无输出

〈1〉：= A 相保护输出

CL1 = B 相保护输出至输出电路 ： = BS1[3]〈0～1〉

〈0〉：= B 相保护无输出

〈1〉：= B 相保护输出

CL3 = C 相保护输出至输出电路 ： = BS1[4]〈0～1〉

〈0〉：= C 相保护无输出

〈1〉：= C 相保护输出

5. 单点信息事件顺序记录格式 SIQ

单点信息事件顺序记录格式 SIQ 见图 3-8-27。

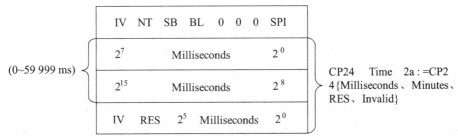

图 3-8-27 单点信息事件顺序记录格式

6. 双点信息事件顺序记录格式 DIQ

双点信息事件顺序记录格式 DIQ 见图 3-8-28。

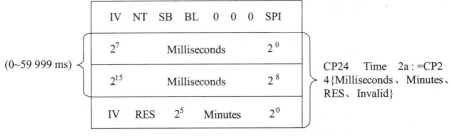

图 3-8-28 双点信息事件顺序记录格式

7. 继电保护装置或重合闸单个事件顺序记录格式 SEP

继电保护装置或重合闸单个事件顺序记录格式 SEP 见图 3-8-29。

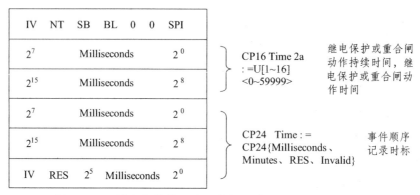

图 3-8-29　继电保护装置或重合闸单个事件顺序记录格式

继电器动作持续时间/继电器动作时间见图 3-8-30。

图 3-8-30　继电器动作持续时间/继电器动作时间

CP16Time2a：= UI16[1 ~ 16]〈0 ~ 59999〉

由继电保护设备检出了故障后产生启动事件，启动事件是瞬变信息。

当保护设备决定去跳断路器时，将跳闸命令输出至输出电路，输出电路信息是瞬变信息。

继电保护动作开始到保护动作结束这段时间是继电器动作持续时间。

保护动作开始到跳闸命令输出这段时间是继电器动作时间。

8. 继电保护装置成组启动事件顺序记录格式 SPE QDP

继电保护装置成组启动事件顺序记录格式 SPE QDP，见图 3-8-31。

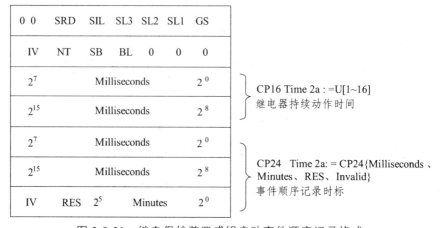

图 3-8-31　继电保护装置成组启动事件顺序记录格式

9. 继电器保护装置成组输出电路信息的时间顺序记录格式 OCI QDP

继电器保护装置成组输出电路信息的时间顺序记录格式 OCI QDP，见图 3-8-32。

0	0	0	0	SL3	SL2	SL1	GS

（此处为图 3-8-32 的表格结构）

图中右侧说明：
CP16 Time 2a: =U[1~16]
<0~59999>
继电器保护动作时间

CP24　Time 2a: = CP24{Milliseconds、Minutes、RES、Invalid}
事件顺序记录时标

图 3-8-32　继电器保护装置成组输出电路信息的时间顺序记录格式

10. 带时标的遥测值 NVA（见图 3-8-33）

带时标的遥测值 NVA，见图 3-8-33。

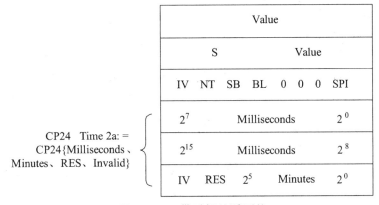

CP24　Time 2a: =
CP24{Milliseconds、Minutes、RES、Invalid}

图 3-8-33　带时标的遥测值

十一、测量值参数限定词 QPM

QPM：= CP8［KPA，LPC，POP］

KPA = 参数种类 ：= UI6［1～6］〈0～63〉

　　〈0〉：= 未用

　　〈1〉：= 门限值

　　〈2〉：= 滤波系数（滤波时间常数）

〈3〉：＝为所传送的测量值的下越限

〈4〉：＝为所传送的测量值的上越限

〈5～31〉：＝为配套标准保留（兼容范围）

〈32～63〉：＝为特殊用途保留（专用范围）

LPC＝当地参数改变：＝BS1［7］〈0～1〉

〈0〉：＝未改变

〈1〉：＝改变

POP＝参数在运行 ：＝BS1［8］〈0～1〉

〈0〉：＝运行

〈1〉：＝未运行

门限值为测量值变化将引起一次新的传送的最小变化值。越限值是指若测量值超过此值就引起一个测量值的传送。每种参数必须由明确的信息体地址所定义。

十二、参数激活限定词 QPA

QPA：＝UI8［1～8］〈0～255〉

〈0〉：＝未用

〈1〉：＝激活/停止激活前一次装载的参数（信息体地址为0）

〈2〉：＝激活/停止激活被寻址的信息体地址的参数

〈3〉：＝激活/停止激活被寻址的信息体的持续循环传送或周期传送

〈4～127〉：＝为配套标准保留（兼用范围）

〈128～255〉：＝为特殊用途保留（专用范围）

〈1〉，〈2〉在本标准中没有使用，为扩充的参数装载功能保留。激活／停止激活在传送原因中定义。

十三、复位进程命令的限定词（QRP）

QRP：＝UI8［1～8］〈0～255〉

〈0〉：＝未用

〈1〉：＝进程的总复位

〈2〉：＝复位事件缓冲区等待处理的带时标的信息

〈3～127〉：＝为配套标准保留（兼容范围）

〈128～255〉：＝为特殊用途保留（专用范围）

十四、电能计数量召唤命令的限定词 QCC

QCC：= CP8{RQT、FRZ}

RQT = 请求 ：= UI6［1~6]〈0~63〉

〈0〉：= 未用

〈1〉：= 总的请求计数量

〈2〉：= 请求计数量第 1 组

〈3〉：= 请求计数量第 2 组

〈4〉：= 请求计数量第 3 组

〈5〉：= 请求计数量第 4 组

〈6~31〉：= 为配套标准保留

〈32~63〉：= 为特殊用途保留

FRZ = 冻结 ：= UI2[7~8]〈0~3〉

〈0〉：= 请求计数量

〈1〉：= 冻结不带复位

〈2〉：= 冻结带复位

〈3〉：= 计数器复位

十五、召唤遥信、遥测，BCD 码命令的限定词 QOI

召唤遥信、遥测，BCD 码命令的限定词 QOI，见图 3-8-34。

2^7	……	2^0

图 3-8-34　召唤遥信、遥测，BCD 码命令的限定词

QOI：= UI[1~8]〈0~255〉

〈0〉：= 未用

〈1~19〉：= 为配套标准保留（兼容范围）

〈20〉：= 整个站的总召唤（14H）

〈21〉：= 召唤第 1 组（15H）

〈22〉：= 召唤第 2 组（16H）

〈23〉：= 召唤第 3 组（17H）

〈24〉：= 召唤第 4 组（18H）

〈25〉：= 召唤第 5 组（19H）

〈26〉：=召唤第 6 组（1AH）

〈27〉：=召唤第 7 组（lBH）

〈28〉：=召唤第 8 组（1CH）

〈29〉：=召唤第 9 组（IDH）

〈30〉：=召唤第 10 组（IEH）

〈31〉：=召唤第 11 组（1FH）

〈32〉：=召唤第 12 组（20H）

〈33〉：=召唤第 13 组（21H）

〈34〉：=召唤第 14 组（22H）

〈35〉：=召唤第 15 组（23H）

〈36〉：=召唤第 16 组（24H）

〈37～63〉：=为配套标准保留（兼容范围）

〈64～255〉：=为特殊用途保留（专用范围）

十六、初始化原因 COI

COI：=CP8{UI7［1～7］，BSl［8］}

UI7［1～7］〈0～127〉

〈0〉：=当地电源开关合上

〈1〉：=当地手动复位

〈2〉：=远方复位

〈3～31〉：=为配套标准保留（兼容范围）

〈32～127〉：=为特殊用途保留（专用范围）

BSI［8］〈0～1〉

〈0〉：=未改变当地参数的初始化

〈1〉：=改变当地参数的初始化

十七、设点命令限定词 QOS

QOS ：=CP8{QL、S／E}

QL：=UI7［1～7］〈0～127〉

〈0〉：=未用

〈1～63〉：=为配套标准保留（兼容范围）

〈64～127〉：＝为特殊用途保留（专用范围）

S／E：＝BS［18］〈0～1〉

　　〈0〉：＝执行

　　〈1〉：＝选择

【思考题】

1. 该规约采用的通信方式是什么？

2. 该规约中帧格式有哪几种？

3. 请解释什么是平衡传输模式和非平衡传输模式？对应的帧格式有什么不同？

4. 报文分析：

M→R：10 5B 01 5C 16

R→M：　68 10 10 68 08 01 09 02 03 01 24 40 20 18 00 36 40 40 2B 00 15 16

5. 报文分析：

M→R：10 49 01 ＿＿＿＿16

R→M：10 8B＿＿＿＿ ＿＿＿＿16

项目九　通信规约（104 规约）

IEC 60870-5-104 规约是 IEC 60870-5-101 的网络访问。DL/T 634.5104—2009 是电力行业标准，与 IEC 60870-5-104 等同采用。

知识点一　一般体系结构与规约结构

一、一般体系结构

IEC 60870-5-104 规约定义了开放的 TCP/IP 接口的使用，这个网络包含如传输 DL/T 634.5101—2009 ASDU 的远动设备的局域网，包含不同广域网类型（如 X.25、帧中继、ISDN 等）的路由器可通过公共的 TCP/IP 局域网接口互联（见图 3-9-1）。图 3-9-1 所示为一个冗余的主站配置与一个非冗余的主站配置。

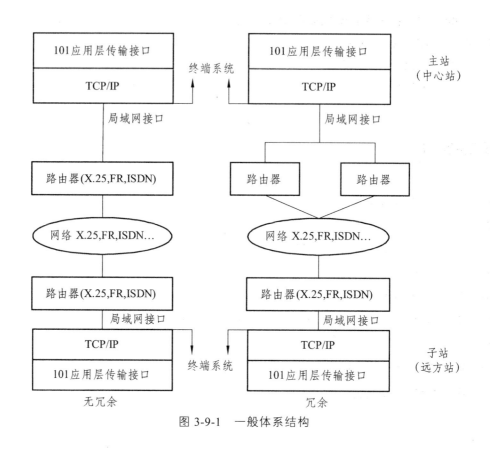

图 3-9-1 一般体系结构

二、规约结构

图 3-9-2 所示为终端系统的规约结构。

根据IEC 60870-5-101 从IEC 60870-5-5选取的应用功能	初始化	用户进程
从IEC 60870-5-101 和IEC 60870-5-104 中选取的ASDU		应用层(第7层)
APCI(应用规约控制信息) 传输接口(用户到TCP的接口)		应用层(第7层)
TC/IP协议子集(RFC2200)		传输层(第4层)
		网络层(第3层)
		数据链路层(第2层)
		物理层(第1层)

注：第5、6层未用。

图 3-9-2 终端系统的规约结构

图 3-9-3 所示为本标准推荐使用的 TP/IP 协议子集（RFC2200）。如图 3-9-1 所示的例子，以太网 802.3 栈可能被用于远动站终端系统或 DTE（数据终端设备）驱动一单独的路由器。如果不要求冗余，可以用点对点的接口（如 X.21）代替局域网接口接到单独的路由器，这样可以在对原先支持 IEC 60870-5-101 的终端系统进行转化时，保留更多本来的硬件。其他来自 RFC2200 的兼容选集都是允许的。

RFC73(传输控制协议)		传输层(第4层)
RFC73(互联网协议)		网络层(第3层)
RFC1661 (PPP)	RFC1894 (在以太网上传输IP数据报)	数据链路层(第2层)
RFC1662 (HDLC帧式PPP)		
X.21	IEEE 802.3	物理层(第1层)

串行线　　　　　　　　　以太网

图 3-9-3　所选择的 TCP/IP 协议子集 RFC2200 的标准版本

知识点二　规约的基本规则与应用

一、应用规约控制信息（APCI）的定义

传输接口（TCP 到用户）是一个定向流接口，它没有为 IEC 60870-5-101 中的 ASDU 定义任何启动或者停止机制。为了检出 ASDU 的启动和结束，每个 APCI 包括下列定界元素：一个启动字符、ASDU 的规定长度，以及控制域（见图 3-9-4），可以传送一个完整的 APDU（或者出于控制目的，仅仅是 APCI 域也是可以被传送的）（见图 3-9-5）。

注：APCI 表示应用规约控制信息，ASDU 表示应用服务数据单元，APDU 表示应用规约数据单元。

启动字符 68H 定义了数据流中的起点。APDU 的长度域定义了 APDU 体的长度，它包括 APCI 的 4 个控制域 8 位位组和 ASDU。第一个被计数的 8 位位组是控制域的第一个 8 位位组，最后一个被计数的 8 位位组是 ASDU 的最后一个 8 位位组。ASDU 的最大长度限制在 249 以内，因为 APDU 域的最大长度是 253（APDU 最大值 = 255 – 启动和长度 8 位位组），控制域的长度是 4 个 8 位位组。

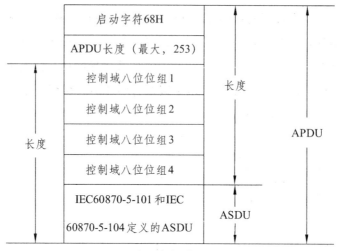

图 3-9-4　远动配套标准的 APDU 定义

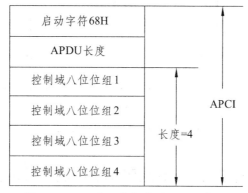

图 3-9-5　远动配套标准的 APCI 定义

控制域定义了保护报文不至丢失和重复传送的控制信息、报文传输启动/停止，以及传输连接的监视等。

三种类型的控制域格式用于编号的信息传输（I 格式）、编号的监视功能（S 格式）和未编号的控制功能（U 格式）。图 3-9-6 ～ 3-9-8 为控制域的定义。

控制域第一个 8 位位组的第一位比特 = 0 定义了 I 格式，I 格式的 APDU 常常包含一个 ASDU。I 格式的控制信息如图 3-9-6 所示。

图 3-9-6　信息传输格式类型（I 格式）的控制域

控制域第一个 8 位位组的第一位比特 = 1，并且第二位比特 = 0 定义了 S 格式。S 格式的 APDU 只包括 APCI. S 格式的控制信息，如图 3-9-7 所示。

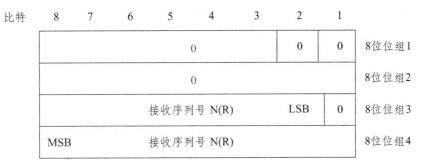

图 3-9-7　编号的监视功能类型（S 格式）的控制域

控制域第一个 8 位位组的第一位比特 = 1，并且第二位比特 = 1 定义了 U 格式。U 格式的 APDU 只包括 APCI。U 格式的控制信息如图 3-9-8 所示。在同一时刻，TESTFR、STOPDT 或 STARTDT 中只有一个功能可以被激活。

图 3-9-8　未编号的控制功能类型（U 格式）的控制域

二、防止报文丢失和报文重复传送一般规则

发送序列号和接收序列号在每个 APDU 和每个方向上都应按顺序加一。发送方增加发送序列号而接收方增加接收序列号。当接收站按连续正确收到的 APDU 的数字返回接收序列号时，表示接收站认可这个 APDU 或者多个 APDU。发送站把一个或几个 APDU 保存到一个缓冲区里直到它将自己的发送序列号作为一个接收序列号收回，而这个接收序列号是对所有数字小于或等于该号的 APDU 的有效确认，这样就可以删除缓冲区里已正确传送过的 APDU。万一更长的数据传输只在一个方向进行，就得在另一个方向发送 S 格式，在缓冲区溢出或超时前认可 APDU。这种方法应该在两个方向上应用。在创建一个 TCP 连接后，发送和接收序列号都被设置成 0。

三、测试过程

未使用但已建立的连接会通过发送测试 APDU（TESTFR = 激活）并得到接收站发回的 TESTF = 确认，在两个方向上进行周期性测试。

发送站和接收站在某个具体时间段内没有数据传输（超时）时会启动测试过程。每一帧接收 I 帧、S 帧或 U 帧都会重新计时 t_3。B 站要独立地监视连接。只要它接收到从 A 站传来的测试帧，它就不再发送测试帧。

测试过程也可以在"激活"的连接上启动，这些连接缺乏活动性，但需要确保联通。

四、用启/停进行传输控制

控制站（如 A 站）利用 STARTDT（启动数据传输）和 STOPDT（停止数据传输）来控制被控站（B 站）的数据传输。这个方法很有效。例如，当在站间有超过一个以上的连接打开从而可利用时，一次只有一个连接可以用于数据传输。定义 STARTDT 和 STOPDT 的功能在于从一个连接切换到另一个连接时避免数据的丢失。STARTDT 和 STOPDT 还可与单个连接一起用于控制连接的通信量。

当连接建立后，连接上的用户数据传输不会从被控站自动激活。即当一个连接建立时，STOPDT 处于缺省状态。在这种状态下，被控站并不通过这个连接发送任何数据，除了未编号的控制功能和对这些功能的确认。控制站必须通过这个连接发送一个 STARTDT 指令来激活这个连接中的用户数据传输。被控站用 STARTDT 响应这个命令。如果 STARTDT 没有被确认，这个连接将被控制站关闭。这意味着站初始化之后，STARTDT 必须总是在来自被控站的任何用户数据传输（如一般的询问信息）开始前发送。任何被控站的待发用户数据都只有在 STARTDT 被确认后才发送。

STARTDT/STOPDT 是一种控制站激活/解除激活监视方向的机制。控制站即使没有收到激活确认，也可以发送命令或者设定值。发送和接收计数器继续运行，它们并不依赖于 STARTDT/STOPDT 的使用。

在某种情况下，例如，从一个有效连接切换到另一连接（如通过操作员），控制站首先在确认连接上传送一个 STOPDT 指令，受控站停止这个连接上的用户数据传输并返回一个 STOPDT 确认。挂起的 ACK 可以在被控站收到 STOPDT 生效指令和返回 STOPDT 确认的时刻之间发送。收到 STOPDT 确认后，控制站可以关闭这个连接。另建的连接需要一个 STARTDT 来启动该连接来自被控站的数据传送。

五、端口号

每个 TCP 地址由一个 IP 地址和一个端口号组成。每个连接到 TCP-LAN 上的设备都有自已特定的 IP 地址，而为整个系统定义的端口号却是一样的。IEC60870-5-104 规约要求，端口号 2404 由 IANA（互联网数字分配授权）定义和确认。

六、未被确认的 I 格式 APDU 最大数目（k）

k 表示在某一特定的时间内未被 DTE 确认（即不被承认）的连续编号的 I 格式 APDU 的最大数目。每一 I 格式帧都按顺序编号，从 0 到模数 $n-1$。以 n 为模的操作中 k 值永远不会超过 $n-1$。

——当未确认 I 格式 APDU 达到 k 个时，发送方停止传送。

——接收方收到 w 个 I 格式 APDU 后确认。

——模 n 操作时 k 的最大值是 $n-1$。

k 值的最大范围：1～32 767（215-1）APDU，精确到一个 APDU，默认为 12。

w 值的最大范围：1～32 767 APDU，精确到一个 APDU（推荐：w 不应超过 $2k/3$，默认为 8）。

七、应用参数

（1）ASDU 公共地址：2 个字节。

（2）信息对象地址：3 个字节。

（3）传送原因：2 个字节。

（4）超时参数，见表 3-9-1。

表 3-9-1　超时参数

参　数	默认值（S）	备　注
t_0	10	连接建立的超时
t_1	12	发送或测试 APDU 的超时
t_2	5	无数据报文时确认的超时，$t_2 < t_1$
t_3	15	长期空闲状态下传送测试帧的超时
t_4	8	应用报文确认超时

八、报文类型标识

（1）监视方向的过程信息，见表 3-9-2。

表 3-9-2　监视方向的过程信息

报文类型 （十进制）	报文语义	报文类型 （十进制）	报文语义
1	单位遥信	3	双位遥信
9	归一化遥测值	30	带绝时标的单位遥信（SOE）
11	标度化遥测值	31	带绝时标的双位遥信（SOE）
13	短浮点遥测值	34	带绝时标的归一化遥测值
15	累计值	35	带绝时标的标度化遥测值
20	带变为检出标志的成组单位遥信	36	带绝时标的短浮点遥测值
21	归一化遥测值	37	带绝时标的累计量

（2）控制方向的过程信息，见表 3-9-3。

表 3-9-3　控制方向的过程信息

报文类型 （十进制）	报文语义	报文类型 （十进制）	报文语义
45	单位遥信命令	48	归一化值设定命令
46	双位遥信命令	49	标度化值设定命令
47	档位调节命令	50	短浮点值设定命令

（3）监视方向的系统命令，见表 3-9-4。

表 3-9-4　监视方向的系统命令

报文类型（十进制）	报文语义
70	初始化结束

（4）控制方向的系统命令，见表 3-9-5。

表 3-9-5　控制方向的系统命令

报文类型（十进制）	报文语义	报文类型（十进制）	报文语义
110	归一化遥测参数	112	短浮点遥测参数
111	标度化遥测参数	113	参数激活

九、传输原因

传输原因内容见表 3-9-6。

表 3-9-6 传输原因

报文类型（十进制）	报文语义	含 义
0	任何情况都不用	任何情况都不用
1	周期、循环	上行
2	背景扫描	上行
3	突发	上行
4	初始化	上行
5	请求或被请求	上行、下行
6	激活	下行
7	激活确认	上行
8	停止激活	下行
9	停止激活确认	上行
10	激活终止	上行
11	远方命令引起返送信息	上行
12	当地命令引起返送信息	上行
20	响应站召唤	上行
21	响应第1组召唤	上行
22	响应第2组召唤	上行
⋮	⋮	⋮
28	响应第8组召唤	上行
29	响应第9组召唤	上行
⋮	⋮	⋮
34	响应第14组召唤	上行
35	响应第15组召唤	上行
36	响应第16组召唤	上行
37	响应累积量站召唤	上行
38	响应第1组累积量站召唤	上行
39	响应第2组累积量站召唤	上行
40	响应第3组累积量站召唤	上行
41	响应第4组累积量站召唤	上行
44	未知的类型标识	上行
45	未知的传送原因	上行
46	未知的应用服务数据单元公共地址	上行
47	未知的信息对象地址	上行

十、信息对象地址分配方案

信息对象地址分配方案内容见表3-9-7。

表 3-9-7　信息对象地址分配方案

信息对象名称	对应地址（十六进制）	信息量个数
遥信信息	1H～1000H	4 096
继电保护信息	1001H～4000H	2 288
遥测信息	4001H～5000H	4 096
遥测参数信息	5001H～6000H	4 096
遥测	6001H～6200H	512
设定信息	6201H～6400H	512
累积量信息	6401H～6600H	512
分接头位置信息	6601H～6700	256

十一、典型报文举例

1. 激活命令（U格式）

报文：68 04① 07② 00 00 00

说明：①字节数 = 4；②命令 = 7，激活命令。

2. 激活确认（U格式）

报文： 68 04① 0B② 00 00 00,

说明：①字节数 = 4；②命令 = 0BH，激活确认。

3. 总召唤命令。

报文：68 0E① 00 00② 00 00③ 64④ 01⑤ 06 00⑥ 40 00⑦ 00 00 00⑧ 14⑨

说明：①字节数 = 14；②发送序列号；③接收序列号；④类型标识 = 64H；⑤可变结构限定词 = 1;⑥传送原因 = 6（激活确认);⑦公共地址;⑧信息体地址 = 0;⑨信息体内容：14H（总召唤限定同）。

4. 总召唤确认

报文：68 0E① 00 00② 02 00③ 64④ 01⑤ 07 00⑥ 40 00⑦ 00 00 00⑧ 14⑨

说明：①字节数 = 214；②发选序列号；③接收序列号；④类型标识 = 64H；⑤可变结构

限定词 = 1；⑥传送原因 = 7（激活确认）；⑦公共地址；⑧信息体地址 = 0；⑨信息体内容：14H（总召唤限定同）。

5. 变化通则上送

报文：68 2E① 2E 00② 02 00　③ 0B④　06⑤　03 00⑥40 00⑦　2B 40 00⑧　B0 01 00⑨ 2C4000B30100 2D40000C40100 2E4000D90100 2F4000DC0100 304000DF0100⑩

说明：①字节数 = 46；②发送序列号；③接收序列号；④类型标识：0BH（标度化遥测值）；⑤可变结构限定词 = 6；⑥传送原因 = 3（突发）；⑦公共地址；⑧信息体地址 = 402BH；⑨信息内容 = 432；⑩信息地址 402CH ~ 4030H 及其信息内容。

6. 变化遥信上送

报文：68 12① 3A 00② 08 00③ 01④ 02⑤ 03 00⑥ 01 00⑦ 06 00 00⑧ 01⑨ 08 00 00⑩

说明：①字节数 = 18；②发送序列号；③接收序列号；④类型标识 = 01；⑤可变结构限定词 = 2；⑥传送原因 = 3（突发）；⑦公共地址；⑧信息体地址 = 06H；⑨信息内容 = 1（遥信状态为合）；⑩ 信息地址 08H 的遥信状态为"分"。

7. 通控选择

报文：68 0E① 02 56② DE 34③ 2D④ 01⑤ 06 00⑥ 61 00⑦ 45 60 00⑧ 81⑨

说明：①字节数 = 14；②发送序列号；③接收序列号；④类型标识 = 2DH；⑤可变结构限定词 = 1；⑥传送原因 = 6（激活）；⑦公共地址；⑧信息体地址 6045H；⑨信息内容 = 81H（遥控选择"合"）。

8. 遥控返校

报文：68 0E① D DE 34② 04 56③ 2D④ 01⑤ 07 00⑥ 61 00⑦ 45 60 00⑧ 81⑨

说明：①字节数 = 14；②发送序列号；③接收序列号；④类型标识 = 2DH（单点遥控）；⑤可变结构限定词 = 1；⑥传送原因 = 7（激活确认）；⑦公共地址；⑧信息体地址 = 6045H；⑨信息内容 = 81H（遥控选择"合"）。

【思考题】

1. 104 规约的应用模型是物理层、_____层、_____层、_____层和应用层。

2. 104 规约的端口号为_____、站端为_____、控端为_____。

3. I 格式、S 格式和 U 格式对应的控制域有何不同？

4. 104 规约如何防止报文丢失？

5. 104 规约控制端如何控制被控站的数据传输？

第四部分　远动系统结构

项目一　调度端结构

在牵引供电 SCADA 系统中，调度中心能正确和及时地掌握每时每刻都在变化着的牵引供电系统设备运行情况，完成天窗作业，处理影响整个牵引供电系统正常运行的事故和异常情况，将分散在几十千米、几百千米以上至上千千米以外的变电所、分区亭、开闭所表征牵引供电系统设备运行状态的信息，迅速、正确、可靠地收集，及时以友好的人机界面向调度员显示，并对所有数据进行分析、处理、存储及打印，同时转发其他系统共享。因此，调度中心（调度端）是 SCADA 系统的指挥调度中枢。电气化铁道牵引供电远动系统调度端安装在中心城市的调度控制中心。例如，郑州铁路局所管辖范围内的京广铁路线、陇海铁路线及新荷线电气化铁道牵引供电远动系统的调度端就安装在郑州调度控制中心。在远动系统中，为配合调度端工作，调度控制中心还配备有模拟屏、打印机、工程师终端、VDU 显示设备（含键盘、鼠标器等人机接口）、通信处理器及不间断电源（UPS）等设备。

知识点一　调度端基本结构

随着计算技术、网络技术的发展，SCADA 系统调度端也经历了集中式、分布式、开放自律分布式等多个发展时期。

如图 4-1-1 所示，新一代调度管理系统是分布式网络化系统，共享一套数据库管理系统、人机交互系统和分布式支撑环境。系统各网络功能节点可以集成在同一节点上，也可分散驻留于不同节点，配置灵活，每个单独的系统都可独立运行。

由图 4-1-1 可看出，系统由 3 个网组成：数据采集网、实时双网和 DTS（调度员培训系统）网。两台互为热备用的前置机挂在前置网上，与多台终端服务器共同构成前置数据采集系统，负责与远方 RTU 通信，进行规约转换，并直接挂接在实时双网上，与后台系统进行通信。实时双网组成后台系统，它负责与前置数据采集系统通信，完成 SCADA 的后台应用和分析决策功能。根据职责和功能的不同，实时网上可以配置系统维护工作站、调度工作站和保护分析工作站，各类工作站的数目可依据实际需要进行配置。DTS 网是调度员培训系统的内部网，它通过 DTS 的教员工作站与实时双网相连。其中，DTS 的教员工作站在这里同时起一网桥的作用，DTS 网可直接取用实时网上的实时数据进行培训。DTS 网与实时网上的数据互不干扰，减轻了网络的数据流。另外在实时网上配置了一个 WEB 服务器，企业 MIS 网上的用户通过它可以实现对实时网上的数据和画面的浏览。商用关系数据库系统采用多客户／（主，备）服务器模式，数据库服务器节点由一主一备结构构成，主数据库服务器定期向备份数据库服务器复制数据，以提高系统数据的安全性和可靠性。由图 4-1-1 可见，系统中的服务器为热备用。这种配置既可减少投资，又不降低系统可靠性。本系统中 SCADA 服务器还兼有历史和通信服务器的功能。

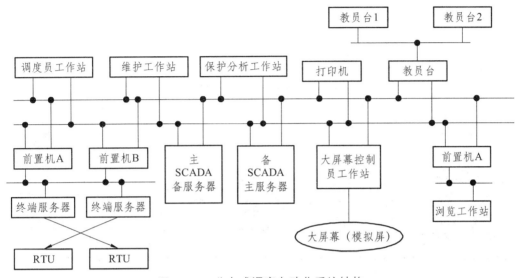

图 4-1-1　分布式调度自动化系统结构

该系统结构具有以下特点：

（1）主网结构采用双 LAN，提高了网络通信的可靠性。

（2）按功能和信息流向分组、分层，将前置机处理系统和 SCADA 后台应用以及 DTS 应用各自分别连接至一独立 LAN 上，连接隔离可减少网上报文"碰撞"机会，提高了主网络系统的传输效率。

（3）主、备数据库服务器（SQL Server）通过第三网络接口板连接至企业 MIS，实现与外部系统的开放数据访问。

（4）关键节点均采用主-备结构的双机热备份冗余配置，当一节点故障时，另一节点升级为主务器。数据库 SQL Server 服务器均采用分布式主-备结构的冗余配置。

（5）在调度员培训状态时，SCADA 人机工作站作为学员端需从应用数据网获取数据，这样将通信流量较大的负载从主网（双 LAN）中隔离开来，大大减小了主网上网络通信的数据流量，提高了网络效率。调度培训还可方便地取得实时数据，且各人机工作站可灵活地根据数据源的不同（电力系统实时数据）在 SCADA 实时态和 DTS 态进行切换，这样可以实现在同一节点上同时运行不同的应用程序。

（6）通信前置系统由标准的终端服务器组成。这种配置不仅可扩充性好，而且可以用通道之间的软件切换来替代传统的硬件切换，提高了可靠性。

知识点二　调度端主要组成设备及功能

SCADA 系统调度端的主要系统为服务器、WEB 服务器、调度员工作站、维护工作站、通信前置机及打印机、模拟屏（大屏幕显示器）等外设组成。一个典型的网络化 SCADA 系统调度端结构如图 4-1-2 所示。

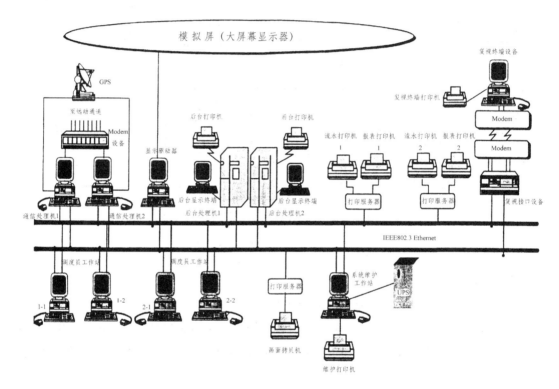

图 4-1-2　SCADA 系统调度端结构图

一、通信前置机

通信前置机作为 SCADA 系统调度中心与被控站联系的枢纽，在 SCADA 系统中起着重要作用。一方面，它接收远方被控端传递来的数据，通过预处理后转发给主站中的主机以及调度员工作站进行再处理；另一方面，前置机接收主机和其他工作站传递过来的操作命令，传递给远方被控站执行。通信前置机作为 SCADA 系统中承上启下的通信枢纽，其性能对整个 SCADA 影响很大。如果通信前置机的性能较差，则会成为 SCADA 系统的瓶颈。通信前置机在调度系统中有多种应用模式，如图 4-1-3 所示。

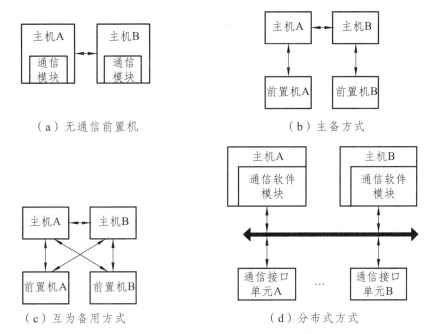

图 4-1-3　通信前置机的几种应用模式

二、调度员工作站

调度员控制台是调度人员对牵引供电系统进行监视和操作控制用的交互型人机联系设备。台上一般有彩色显示器、操作键盘、鼠标、音响报警装置等,IC 卡输入装置、语音输入输出装置的应用也正在得到推广应用。调度员工作站是专门供调度员进行人机交互的计算机,又称图形工作站或人机交互工作站。它一般采用工业控制计算机或工作站计算机,可配有单个或多个监视器,机内装有画面编辑显示和人机交互管理软件,主要用途是解决调度员人机交互的功能。调度员可通过在显示器上的用户画面和模拟显示设备对供电系统及其设备的运行状态进行实时监视。

通过调度员工作站主要完成的功能如下:

1. 遥控功能

1)单　控

单控主要用于对被控站内的某一开关设备的运行状态进行控制,如自动装置的投切控制、二次回路的复归控制、保护定值切换等操作。控制方式有两种,方式一:遥控过程严格按"选择—返校—执行"的原则操作执行,确保控制操作准确可靠。方式二:一步操作(直控方式),复归控制采用直控方式。

开关处于"合"位,需要进行分闸控制,当发出执行命令后,CRT 画面上的读开关"红灯闪烁",直到分闸位置信号返回变"绿灯"为止。同样,开关处于"分"位置,需要进行合闸控制，当发出执行命令后，CRT 画面上的该开关"绿灯闪烁"，直到合闸位置信号返回变"红灯"为止。

当对开关进行合/分操作时，同时给安全视频监控系统一个命令，使系统追随该开关进行图像画面显示。

2）程　控

程控完成对被控站一系列开关设备按预定的顺序进行状态控制。一般，程控分站内程控和站间程控两种。程控操作就其执行过程而言与单控相似，它是若干个单控过程的组合。程控的执行具有手动一次启动、手动逐条执行和条件自动（经人工确认）执行等方式。程控的编制采用表格定义方式，允许加入执行条件判断。在程序控制执行前首先自动检查各控制对象是否具备控制条件，若不具备程控条件，列出不具备控制的控制对象，并提醒值班人员注意。在程控过程中可以人为终止程控的执行。程控过程中的各项操作均具有超时监视、超时自复归功能，不具备控制权的调度员工作站可进行程控过程的动态显示及程控卡片查询等工作。

3）遥控试验

在 CRT 主接线图画面上设有遥控试验开关光标，各被控站控制信号盘内设有一个模拟试验开关。当操作员鼠标或键盘选择"遥控试验开关对象光标"并发出操作命令后，系统将控制被控站远动装置试验开关。对实验开关的操作可测试通道及遥控控制模板，检查遥控过程的各环节设备是否正常。

为了控制输出的安全性，调度员工作站还具有防止输出继电器接点黏接、多重选择、选择超时监视等措施，当发生上述情况时，执行命令被屏蔽，不下发被控站，并给出相应的提示信息。

4）复归操作

对被控站声光报警等信号可以进行复归操作。该操作无遥信返回，操作完成后，系统给出操作输出执行的提示。

5）模拟操作

可对开关进行不下位模拟对位操作，并用不同符号或颜色区别于正常状态。

当被控站或通道故障时，系统可将有关开关的运行状态设为手动状态，相应开关的运行状态可由操作员根据实际状态手动设置，以保持与被控端的实际运行状态一致。

6）闭锁、解锁操作

可对变电所内任何开关设备单个或批量的操作进行闭锁。当要对闭锁开关进行再操作时，必须先解锁，否则给出该开关已闭锁的提示且不能操作该开关。

此外，还可对开关设备的遥信信号进行闭锁/解锁；使之成为不可信/可信对象。

7）其他安全操作

调度员工作站还有其他一些安全操作，例如：挂地线操作，当进行该操作后即可实现对相关对象的闭锁操作。另外，系统考虑了基本的安全操作因素、自动闭锁不安全操作。同时，调度员还可以进行遥信、遥测闭锁操作等，这时停止对画面相关对象的实时信息刷新。上述复归操作、模拟操作、闭锁操作、解锁操作等安全操作为单步操作。

此外，还可以通过调度员工作站完成如下控制调节的功能：

（1）断路器及隔离开关正确控制；

（2）有载调压变压器分接头调节；

（3）其他可控点进行控制（如隔离开关、高频自发信启动、距离保护闭锁复归、电容器远方投切、电抗器远方投切等）。

遥控操作可有多种方式，系统除常用遥控操作模式外，还增加保证安全操作控制其他多台调度模式、互锁模式及双台监督模式。

遥控互锁模式为确保对同一被控站，同时只有一个调度员对其进行发令控制。系统只设置控制令，在双台或多台调度时（包括分级控制），调度员只有申请并获得控制权后才能发遥控，调度员也可主动取消控制权或超时自动取消，确保系统安全。控制令可全系统设置一个，实现同时只允许一个调度席可发布控制令；也可按变电所设置，实现同一时间只有一人对同一变电所实施控制。当然，控制令也可按被控点来设，实现对单一被控对象的互锁。若设有上级系统总调度员，则总调度介入操作时，具有最高权限，率先取得控制令。这是常用模式双台监控，此功能专为严格执行"一人执行一人监督"的规范操作而设，当副席调度发控制令时，需由主席授权确认，监督控制命令下发执行，同时系统完整记录控制操作及监督过程。

2. 遥信显示处理功能

1）遥信监视内容

（1）正常运行状态监视。

不论装置在何种状态，所有牵引供电系统、电力变配电系统的被监控设备的分、合状态均可以在显示器和投影系统上进行显示。其中，分闸用绿色表示，合闸用红色表示。另外，被控站通信状态、调度主站设备状态也可以在显示器和投影系统上进行显示。

（2）异常运行状态的监视。

当牵引供电系统发生故障和事故时，变位信号优先送往调度所控制中心，在投影系统和显示器上将有相应提示，如有跳闸，相应的开关闪烁，并伴有音响报警（可手动复归），显示器上事故站主接线图自动跳出；同时在屏幕窗口显示事故内容细目，并打印记录。事故发生后，操作员可使用事故确认键或鼠标确认事故。事故未被确认前，事故画面不可被关闭。如有几个站同时发生事故，在画面上按故障处理等级对故障站名排序，紧急故障优先处理；同一等级的故障以先后次序排序。

当发生一般性故障，即预告信号时，其处理与事故报警相同。故障报警与预告报警将发出有明显区别的音响。

2）报警信息处理

系统报警处理功能有报警一览画面、实时打印、存档及声光报警等，当牵引供电系统及供电设备出现非正常运行或预告信号时，发出非紧急故障报警，出现事故时发出紧急故障报警，两种音响有明显区别，并提供警报确认、分类、归档及存储手段。报警可分为不同优先级，所有报警可根据不同的条件分别提取并显示、打印。

报警条件：

- 供电系统异常；
- 供电系统设备异常；
- 调度系统设备故障；
- 变电所自动化设备故障；
- 通道或变电所自动化设备电源故障；
- 保护装置动作。

报警处理：

- 产生可视信号及音响提示；
- 在 LCD 及大屏幕显示屏上显示警报信息；
- 显示与报警内容相关的画面及相应的信息提示；
- 在实时数据打印机上打印相关信息，不同种类的报警信息以不同的颜色显示；
- 自动将报警信息存入新的警报记录中。

警报种类：系统的所有警报将根据警报条件在警报表上分别列出显示。

越限告警：对需要报警的值设置上下限，当越限状态变化时，发生越限报警。越限报警在细目窗口中显示文字，相应数据加底色显示，值班调度员可选择是否打印遥测越限记录。

变位报警：当系统发生正常变位时，CRT 画面中变位点闪烁，并显示变位状态、系统打印变位状态及变化时间、细目窗口显示文字信息，同时根据需要发出语言告警。

事故报警：

- 发生事故预告后，系统发出事故预告警；
- 跳出事故站点名称；
- 变位点发出醒目闪烁及变色；
- 在细目窗口中推出文字信息，仔细说明事故原因；
- 语音告警，提醒操作人员直到确认；
- 立即在流水打印机上打印各种信息；
- 启动事故追忆，记录事故发生时的系统状态，并可根据需要进行打印。

预告报警：

- 发生预告后，系统发出预告告警；
- 在细目窗口中推出文字信息，仔细说明预告原因；
- 语音告警，提醒操作人员直到确认；
- 立即在流水打印机上打印各种信息。

设备故障告警：当被控站设备通信中断或主站设备发生故障时，发生告警信息，以提示维护人员及时处理。

3）显示和处理方式

在调度员工作站显示器及投影系统上能够实时显示牵引供电系统所、分区亭主接线图、站场线路图、设备及线路带电状态等动态画面。

显示器及投影系统上开关符号的颜色：合闸为红色；分闸为绿色。

调度员的操作菜单采用单幅画面整屏显示和整屏多窗口显示的两种方式提供给用户灵活选择。同时，可以通过设置合理的输入校验，以防止调度员的误操作。

当牵引供电系统发生事故跳闸时，显示器上事故站名报警栏内所发生事故的被控站名闪光，同时在事故细目画面中记录有包括故障时间、站名、故障详细内容的记录，该记录还同时进行数据库相关记录的存盘处理，以满足历史数据长期存储与查询的需求。此被控站的跳闸开关符号闪光，事故音响产生，并等待操作员进行确认处理。当有两个以上的被控站发生事故跳闸或出现非紧急故障时，在站名报警栏内同时显示多个报警站名，按故障处理等级对故障站名进行排序，紧急故障优先非紧急故障，按顺序显示在事故细目窗口中，并提示跳闸原因。事故处理顺序为先处理跳闸信息（紧急故障），后处理非跳闸信息（非紧急故障）。同一等级的故障以到达控制中心的先后为序。此外，在投影仪上相应的跳闸开关闪烁，并启动音响报警和打印报警记录，等待操作员确认处理。若故障仍存在，则保留故障内容，确认与未确认的内容有明显区别。

当警报发生，操作员可调出警报类型画面，判断警报情况，进行警报处理。

系统提供事件记录、操作记录、报警记录，用于对各种信息的统计列表。用户可通过定义时间、站名、对象、报警级别等内容方便地检索所需信息，且具有实时打印、定时打印、随机打印等方式。

3. 遥测监视功能

1）遥测参数的采集方式

系统通过交流采样方式对被控站系统运行参数进行实时采集并在调度系统进行实时监视。

2）显示处理方式

在 LCD 显示器显示的被控站主接线图上，以数字方式实时显示电流、电压及功率等测量参数。

设置专用图表画面用来显示遥测参数：

- 电流、电压、功率等曲线图：在同一曲线图上可以同时用不同的颜色来显示多条不同的相关模拟量以进行比较。
- 在显示方法上提供多种用户自定义方式，如可以显示根据时间横坐标和单位纵坐标来定义等。
- 电度量直方图：可以同时用不同颜色显示有功、无功电度量。

● 定期统计报表，系统按每时（天、月、季、年）定期统计电度量，模拟量极值，开关动作次数（区分操作与事故情况），主要设备的运行、退出时间，并列表存储。对模拟量越限进行统计列表，内容包括越限出现、复限时间、持续时间、越限极值等。

● 对牵引变电所谐波含量及畸变率进行监测并统计列表。

3）模拟量数据处理

阈值监视：系统只接收有效变比的值，当数值变化超过指定的阈值范围时传送给控制站，每个模拟量值的阈值可参数化，阈值可在线设定或修改，并可通过数据库进行修改。

4）刻度值处理

每个模拟量值具有通过数据库定义的特性曲线，它定义了测量值转换成工程值的规则。

5）限值校验

每个模拟量值根据数据库定义的四个限值可进行检验，限值包括上限、上上限、下限和下下限，并可进行变化率的报警检查。所有限值均可在线进行修改。每个量与正常值的偏差限值在数据库中定义。

6）最大最小值的计算

对所定时间范围内，选出遥测点的最大和最小值，并存入数据库中，当所测量的参数出现越限时，在显示器画面该参数显示数值上给出底色提示，以提醒操作员密切注意该参数的变化情况。

7）脉冲量数据处理

本系统可以对脉冲量进行如下处理：

● 传送数值定义至数据库地址；

● 增量、累加和刻度的计算；

● 存储至数据库内；

● 为电度量参数提供手动置数功能，及置数后的日报、月报、年报的自动统计，并刷新数据库。

4. 事故追忆功能

为便于分析事故原因，可在调度员工作站查询完善的事故追忆功能，可在线修改事故追忆触发点定义。事故追忆功能被触发时，在显示器上推出画面向调度员发出信息提示。追忆数据可以表格方式显示和打印。追忆内容为故障时间、故障内容、事故发生时的录波数据等。事故追忆主要供事故分析使用。

事故追忆是数据处理系统的增强性功能，它使调度员在一个特定的事件发生后，可以重新显示扰动前后系统的运行情况和状态，以进行必要的分析。

5. 事件顺序记录

SACDA 系统对断路器和保护信号的动作顺序能够以毫秒级进行记录。

能够在调度员工作站上显示动作顺序，并在打印机上打印。顺序事件及时存档，存档保存时间可由调度员确定。

（1）按时间先后记录厂站遥信变位状况，并保存在数据库中；

（2）具有 40 ms 可调去抖功能；

（3）可按厂站、时间、事项类型等多种方式检索历史记录。

6. 画面显示功能

调度员工作站可以显示系统的各种画面，其画面显示功能如下：

（1）系统采用全图形、多窗口化显示风格，可同时监视多幅画面，可以滚动显示画面。

（2）画面的背景色有多种颜色供用户选择。

（3）用户画面窗口具有平滑缩放功能，缩放时画面上的各设备动态符号相对位置保持不变，且是全图形的。

（4）系统单线图的动态显示智能化，除原始信息从被控站获取外，其他所有动态显示的逻辑判断功能，均是自动实现的。

（5）系统提供丰富的用户画面，配置各种图表显示方式。

（6）主要用户画面种类如下，用户还可根据需要增加：

• 线路示意图：以地理图方式显示线路走向及车站设置。

• 供电系统示意图：动态显示牵引供电网络及各主要设备运行状态。

• 电设施分布示意图：显示全线各种变电所的位置分布。

• 可调出二级显示调度监控系统运行工况图，包括调度所设备、被控站设备、通道等在内的整个电力监控系统配置情况及各设备运行状态等信息。

• 变电所综合自动化构成示意图，包括控制信号盘、间隔单元、所内监控网络等配置情况及各种模块运行状态等信息。

• 各变电所主接线和接触网线路图：动态显示各变电所的主接线、接触网线路和设备的运行状态及系统运行参数。

• 程控显示画面：在主接线图中用鼠标点中程控操作菜单后，将显示该站的程控项目窗口。

• 遥测曲线画面：显示各遥测量的趋势曲线。

• 电度量直方图：显示有功电度量和无功电度量。

• 统计报表：显示各种报表，包括以下报表，还可根据用户要求定制。

• 事件记录、操作记录、警报记录。

• 每日（月、季、年）电量及极值统计报表。

• 设备档案报表。

三、维护工作站

维护工作站完成整个系统的数据建立及修改、画面建立及修改、系统动态监视、环境参数设置，发布系统的一些重要命令、报表记录的查询转存及数据维护等功能。

四、模拟屏（大屏幕投影仪）

模拟屏主要显示电力系统的全貌和最关键的开关状态及运行参数。它是调度人员监视电力系统运行的传统手段。模拟屏有不对位和灯光式两种。前者简单，适合小系统使用；后者可以不下位进行操作。

对于重要的报警信号，除了屏幕显示器有所显示外，还配以音响报警，以引起调度人员的注意。现在语音报警也开始使用，调度人员可直接听到报警的原因，使报警更加直观。

五、复示终端

复示实质上是调度员控制台的一种，但操作权限小，它不装在调度室内而是装在远方。它可让未装中央监视系统的下级调度中心值班人员监视所管辖的电力网信息，或作为上级主管和有关业务部门了解电力系统运行情况的工具。

六、打印机

打印机是主要的记录设备。电力系统中发生的异常或事故、发生的时间顺序以及日常的正点运行报表都要通过不同的打印机打印出来。

记录仪表和拷贝机对特别重要的参数，如频率和联络线交换功率等，可以设置记录仪表，可将这些参数的变化曲线完整地记录下来。拷贝机可以把重要的屏幕显示器画面拷贝下来，以备事后分析和查询。

七、GPS 时钟

在调度端和被控站内均设有 GPS 时钟系统，正常情况下，控制站设备和被控站设备的时钟都与 GPS 时钟系统对时，以保证所有设备时钟同步。当 GPS 时钟系统故障时，系统自动采用软件对时。此外，系统能够监视 GPS 时钟系统的状态，显示通信状态等信息。

知识点三　调度端软件

远动系统调度软件是指对在调度端系统运行的所有程序的总称。调度端软件从层次上来分，可分为三大类，即系统软件、支持软件和应用软件。

一、系统软件

系统软件主要指计算机所使用的操作系统，是最基本的软件，是硬件机器的第一级扩充。其功能有：CPU 管理功能、作业管理功能、存储管理功能、文件管理功能、外设管理功能、系统自诊断功能。

系统软件由计算机公司提供，面向机器本身，其算法和功能不依赖于特定的用户。它的主要任务是使硬件所提供的能力可以得到充分利用，支持用户的应用软件的运行并提供恰当的服务。

操作系统是微机最基本的系统软件，由它来管理内存分配、键盘操作、屏幕显示、驱动盘、硬盘等外设。操作系统有一部分固化在主机内存中，大部分是在开机后，从光盘或硬盘调入内存。调度端中使用的操作系统主要是各种计算机设备中所使用的操作系统，主要有以下几大类：

- UNIX 操作系统；
- Windows 操作系统；
- QNX、Vxworks 实时多任务操作系统。

UNIX + Windows 系统的特点如下：

① UNIX 操作系统具备高稳定性、可靠性及高实时响应的特点。
② UNIX 操作系统具备强大的网络管理能力及较强的抗计算机病毒侵染的能力。
③ UNIX 系统软硬件成本高，运营维护费用高。
④ 服务器采用 UNIX 操作系统，其余均采用 Windows 操作系统。
⑤ 保留了 UNIX 系统可靠、安全、高实时响应的特点，又具备 Windows 系统操作直观、简便、易维护、维护成本低的特点。

二、支持软件

支持软件主要指运行在操作系统之上的数据库管理系统平台，是建立数据表格和形式的数据管理程序，可以进行显示、查询、修改和调用数据。其功能有：数据定义功能、数据存取功能、数据库运行管理功能、数据库的建立和维护功能、数据库的传输。

对于远动系统来说，支持软件主要包括数据库管理系统和监控图形生成系统。数据库管理系统包括建立数据库、修改数据、提取数据和存储数据。

为了减少数据冗余度，实现数据资源共享，实现数据集中管理，提高安全性和完整性，使数据具有独立性，提高应用程序的生命力，SCADA 系统调度端一般使用标准数据库，主要有以下种类：

- SQL Server；
- Sybase for UNIX；
- Oracle for UNIX。

三、应用软件

应用软件为所有监视和控制功能而专门编制的一系列程序。远动监控系统应用软件是完成数据采集和监控等功能，实现实时数据显示，越限报警，事件记录，遥控，遥调，网络通信，调度分析管理等功能。

应用软件包括数据收集软件、模拟屏接口软件、同后台机通信软件、计算软件等。

知识点四　SCADA 系统调度端典型案例

一、哈大线牵引供电 SCADA 调度系统

哈大线牵引供电系统管辖全线近 950 km 的复线电气化铁路的 17 个变电所，供电范围包括哈尔滨、长春、大连、沈阳四个铁路分局。全线在沈阳设置一个总牵引供电调度所，在哈尔滨、长春、大连设置三个分调所。

哈大线 SCADA 系统设一个主调度中心、三个分调度中心，是一个基于广域网的调度端（WAN）系统结构。主控中心内部采用 10 M/100 M 自适应局域网连接，主要由主服务器、GPS 全球定位系统、调度员工作站、数据维护工作站、通信前置机、网络设备及相应的外围设备组成。各分控中心内部通过 10 M 局域网相连，只配置有调度员工作站及相应的网络和外围设备。主控中心和分控中心间通过路由器和高速 MODEM 相连。哈大线牵引供电远动系统配置如图 4-1-4 所示。

分布式广域网监控系统将先进的计算机技术、通信技术及自动化技术融为一体，是当今较先进的计算机监控系统。当牵引供电系统的地理跨度太大且调度中心分别设置于多个地点时，调度端系统可采用广域网结构，哈大线牵引供电远动系统即采用该种配置。基于广域网的调度端是一个完整的网络系统，在广域网系统中的任何一个工作站上，只要安全权限允许，就可以监视和控制整个广域网内的现场数据和设备。三个调度中心的管理权限也可按需要配置，冗余度高，可靠性强。

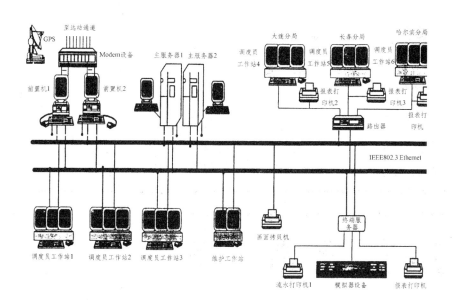

图 4-1-4 哈大线牵引供电监控系统主控中心系统配置图

基于广域网的高速铁路牵引供电监控系统的优点在于，对于行政隶属不同的调度中心，可独立调度管理本分局管内的牵引供电系统，以避免供电调度与线路维护之间的工作冲突；冗余度高，可靠性强，可实现多级备用，但分调中心通过路由器与调制解调器与主控中心实现通信，系统的实时响应能力稍逊于集中监控系统。

二、秦沈线 SCADA 系统调度端

秦沈客运专线在沈阳分局设牵引供电调度所，分别对其所管辖的全线牵引供电设施进行监控管理。该远动系统由设在调度所内的控制站设备、远动数据传输通道以及设在沿线各牵引变电所、分区所、开闭所、网上开关站及维修基地远动复示终端设备组成。

全线调度划分为两个调度台。第一调度台管辖范围为由山海关至锦州南（含）包括四个牵引变电所、一个开闭所、三个分区所、一个网上开关站；第二调度台管辖范围为由锦州南（不含）至分局界（锦州与沈阳分局），包括二个牵引变电所、四个分区所、一个网上开关站。一个分区所及一个网上开关站纳入既有哈大线沈阳牵引供电调度所。其中，分局界分区所采用一机双调方式，系统调度端采用计算机局域网结构、分布式控制系统，以计算机设备为核心、以功能为模块、以网络节点为单元进行配置。系统配置了主机、调度员工作站、系统维护工作站、视频监视工作站、前置通信处理机、模拟屏驱动器、复示系统处理机等网络节点设备及相应的人机接口设备。同时，还设置了实时数据、文档管理报表打印机、画面拷贝机及实时监视牵引供电系统概况的模拟屏等外围设备，同时提供完善的软件资源及 UPS 设备。控制站系统配置如图 4-1-5 所示。

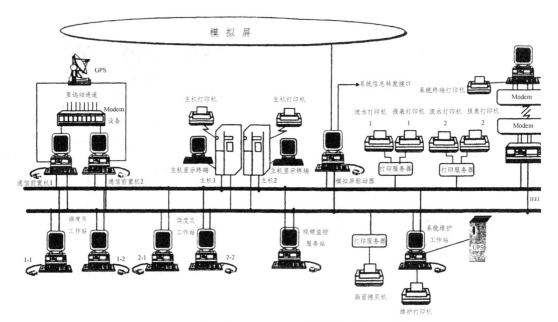

图 4-1-5 秦沈线 SCADA 系统调度端系统配置图

知识点五 SCADA 系统调度端发展趋势

系统的发展与现代计算机技术的发展是密切相关的，进入 21 世纪以来，SCADA 系统呈现出以下发展趋势：

1. 由封闭、专用型向开放型转变

开放的系统是按照开放的接口、服务和支持的规范而实现的系统。开放的系统具有可移植性、可伸缩性和可互操作性的优点。一个开放的支撑系统首先应支持应用层的开放，这恰是以往系统最薄弱的方面。

2. 分布式的体系结构

分布式系统采用标准的接口和传输介质，把整个系统按功能解裂分布在网络的各个节点上，数据实现冗余分布，提高了系统的整体性能，降低了对单机的性能要求，同时提高了系统的安全性和可靠性，并且系统的可扩充性增强，使局部功能升级成为可能。

3. 采用面向对象技术

面向对象技术由面向对象分析（OOA）、面向对象设计（OOD）、面向对象实现（OOP）三部分组成。面向对象技术较好地解决了 20 世纪 70 年代的软件危机，该技术的广泛应用导致了软件工程的一次深刻变革。由于对象具有数学模型较稳定、接口简单、规范等特征，且开发出的软件可复用性、可扩充性和可靠性都明显提高，所以面向对象技术适合于大型软件系统的开发。

4. SCADA/EMIS/CTC 的一体化综合系统

SCADA/EMIS/CTC 系统的一体化已经成为发展的趋势，它有利于三者之间的资源共享，如可实现统一的数据库、人机界面和应用程序等。用户只需维护一套 SCADA/EMIS/CTC 共享的图形数据库，无须烦琐的维护系统接口，因而降低了维护费用和维护难度，并为后续发展打下良好的基础。牵引供电 SCADA 调度系统的发展趋势如表 4-1-1 所示。

表 4-1-1　牵引供电调度管理系统发展趋势

过　去	现　在	将　来
集中化	C/S 和分布化	分布化，基于组件和代理
没有使用标准	使用操作系统、图形化、协议及编程语言标准	所有标准加数据库及各种 Apl，更易于应用的集成
依赖于软件及硬件	不依赖硬件	不依赖硬件及基础软件（操作系统、中间件和数据库）
不具备互操作性，不易维护，很难扩展	易维护，扩展，模块化，可伸缩，具备互操作性	完全开放，组件和基于代理具备互操作性
半图形人机界面	全图形人机界面	全图形，基于 Web 人机界面，先进的可视化资源
控制中心与本级控制中心局部互联	控制中心与其他控制中心互联	在开放式环境中不受区域限制的深度互联
自律性，基于控制中心自身收集的信息决策	自律性，较小依赖外部数据	半自律，对外部数据高依赖
生命周期依赖于硬件	生命周期依赖于基本软件标准	生命周期依赖于组件接口标准

【思考题】

1. 调度端的硬件有哪些？
2. 调度端完成的功能有哪些？
3. 调度端软件有哪些？

【实训项目】

主站的主要设备：① 计算机及双机切换部件；② 外存储器（磁盘机、磁带机等）；③ 输入输出设备（控制台终端、打印机、程序员终端等）；④ 数据传输通道的接口；⑤ 到通信设备配线架端子的专用电缆；⑥ 计算机软件（包括系统软件、支持软件和应用软件等）；⑦ 计算机通信网络设备及其软件；⑧ 调度控制台及用户终端；⑨ 调度模拟屏；⑩ 记录打印和显示；⑪ 专用电源等。请根据该规程中给出的主站主要设备设计一套调度端硬件设备，要求：采用总线型拓扑结构，至少包含上述主要设备的 1/3。

项目二　远动通道

欲传送各种信息到既定的信宿，可选用适于传输的物理媒体，完成通信功能，这些连接发信和收信设备的物理媒体统称为信道或传输媒体。而在远动系统中连接调度端和被控端的物理媒体称为远动通道，该通道包含通信介质和相关的通信接口设备。在铁路供电远动系统中，对于承载调度端和被控端之间直接参与生产控制数据的远动通道，安全性要求最高，因此设置两条互为备用的通信信道。

按照传输媒质的不同，信道可以分为有线信道和无线信道两大类，本项目将介绍几种常用的有线信道和无线信道。

知识点一　有线信道

有线信道主要有四类，即明线、双绞线、同轴电缆和光纤。

一、明　线

明线是指平行架设在电线杆上的架空线路。它本身是导线裸线或带有绝缘层的导线。1878年，贝尔电话公司开始采用明线构成电话环路线连接用户和电话端局，用于传输语音信号。虽然它的传输损耗低，但是由于易受天气和环境的影响，对外界噪声干扰比较敏感。目前，明线已经逐渐被其他电缆或光缆取代。

二、双绞线

双绞线起源于电话公司布设的语音通信传输线，是一种常用的通信传输介质。它由两根具有绝缘保护的导线按照一定规格扭绞形成，因此称为双绞线。导线扭绞的目的是为了减小每对导线之间的干扰。在很多通信传输设备中，常常把若干对传输信号的双绞线按照一定的规律扭绞在一起，采用规定的色谱组合以识别不同线对，放在一根保护套内制成对称电缆。电信网中通常一根对称电缆中有 25 对双绞线。对称电缆的芯线直径为 0.4 ~ 1.4 mm，相对明线而言损耗较大，但是性能比较稳定。对称电缆在有线电话网中广泛应用于用户接入电路，每个用户电话都是通过一对双绞线连接到电话交换机，通常采用的是 22 ~ 26 号线规的双绞线。双绞线在计算机局域网中也得到了广泛的应用，以太网中使用的超五类线就是由四对双绞线组成，可以支持 10/100 Mb/s 速率的信息传输。

三、同轴电缆

同轴电缆是由内外两层同心圆柱导体构成，在这两根导线之间用绝缘体隔离开。内导体多为实心导体，外导体是一根空心导电管或金属编织网，在外导体外面有一层绝缘保护层，在内外导体之间可以填充实心介质材料或绝缘支架，起到支撑和绝缘作用。由于外导体通常接地，因此能够起到很好的屏蔽作用。同轴电缆的专利权由英国人奥利弗于 1880 年在英格兰取得。目前，有线电视中广泛地采用同轴电缆为用户提供电视信号。另外，同轴电缆也是通信设备内部中频和射频部分经常使用的传输介质，用于连接无线通信收发设备和天线之间的馈线。

四、光　纤

光纤即光导纤维，是一种传输光信号的有线信道。光纤是由华裔科学家高锟发明的，他被认为是"光纤之父"。1970 年，美国康宁公司制造出了世界上第一根实用化的光纤。光纤具有衰减小、传输速率快的特点。目前，高铁远动通道主要是由光纤构成的。

光纤中光信号的传输是基于全反射原理，如图 4-2-1 所示。光纤中包含两种不同折射率的导光纤维，内层导光纤维称为纤芯。纤芯外包有另一种折射率的导光介质，称为包层。纤芯折射率大于包层折射率，因此当入射光从纤芯以大于或者等于临界角的角度投射到纤芯和包层临界面时，就会发生全反射，光信号被完全反射回纤芯，并按此规律发生多次反射，完成远距离传输。光纤可以分为多模光纤和单模光纤，多模光纤中光信号具有多种传播模式，而单模光纤中只有一种传播模式。这里的模式是指光线传播的路径。多模光纤允许多个光波在光纤内传播，因而通常具有较大的纤芯直径和数值孔径。光纤的数值孔径描述了从光源获取发生内部全反射光线的能力，孔径越大，获得能力越强。多模光纤通常采用发光二极管作为光源，这种光源不是单色的，包含多种频率成分。由于多模光纤直径较粗，光线的传播路径不同，传输时延也不同，由此可能产生光波脉冲扩展，限制传输带宽。另一方面，LED 光源光谱纯度低，不同波长的光信号在光纤中传播速度不同，因此随着距离的增加，光信号传播会发生色散，造成信号的失真，限制光纤传输的距离。单模光纤仅允许一个光波传播，其纤芯直径一般为 8～10 μm，包层直径为 125 μm，单模光纤通常以激光作为信号光源，激光源的光谱纯度高，因此单模光纤的色散要比多模光纤小得多。

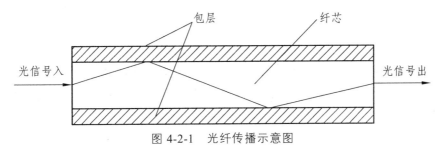

图 4-2-1　光纤传播示意图

为了使光波在光纤中传输时受到尽量小的衰减,人们研究了光纤损耗与光波波长的关系,研究结果表明,在光波长在 1.31 μm 和 1.55 μm 附近存在两个低损耗波长窗口,因此这两个波长的光波应用非常广泛。以太网中的 1000 Base-LX 物理接口采用的 1.31 μm 波长的光信号传输,1.55 μm 波长的单模光纤损耗大约为 0.25 dB/km,适合建立跨洋远程长距离大容量光纤传输通道。除此之外,还有一个 0.85μm 附近的低损耗波长窗口,计算机局域网中的 1 000 Base-LX 物理接口就采用这种光源。

光纤通信系统的构成如图 4-2-2 所示,它是由光端机、光缆和光中继装置构成的。它常同多重变换装置组合使用,将各种信息变成光信号予以传送。

图 4-2-2　光纤通信系统的构成

光端机是将电信号变成光信号的变换装置。它采用将电信号变换为光的强弱的光强度调制 TM 方式。

光中继装置是将因传输而使光强度衰减的光,再一次转换为电信号,放大后再转换成光信号,以便于长距离传输。

光的传送方式分为数字式和模拟式,采用多路复用技术,如图 4-2-3 所示。

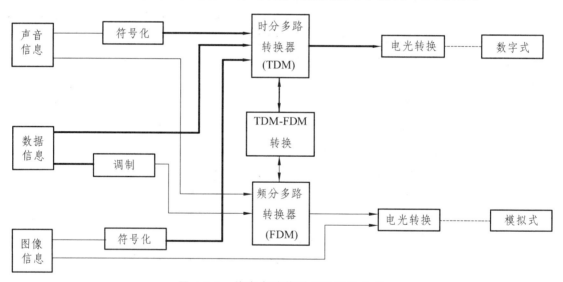

图 4-2-3　信息多路传送与光传送方式

像声音、图像这样的模拟信息,在用数字传送时必须首先进行数字化。对于这样的数字信息,要用模拟信号传送时,必须先要进行调制。为了使这些信息有效地相互转换,还要有数字式的时分多路转换器（TDM）及频分多路转换器（FDM），以及 TDM-FDM 转换器。随着计算机技术的发展,现在的光纤传输系统多用于数字传输方式,其传输速率可达到 100 Mb/s以上。传送图像时,由于模拟式便宜,所以配电站中用于监视运行状况等的工业监视电视 ITV,多用模拟式,不过距离长时,为了保证画面质量而改用数字式方式。

知识点二　无线信道

无线通信可以利用电磁波、声波、广播等的传播实现信号传输。无线信道包括短距离直接传输的无线电信道、通过微波中继的微波信道以及通过卫星中继的卫星信道等。

一、无线电信道

一般，称波长为 0.001 ~ 1.0 m、频率为 300 MHz ~ 300 GHz 的无线电波为微波。这里所称的无线电信道是指微波以下频段的无线电信道。这种无线电信道适宜于短距离、直接传输。常用的无线电信道频率一般为几十兆到几百兆赫兹。

利用无线电信道的数据传输系统如图 4-2-4 所示。

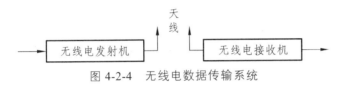

图 4-2-4　无线电数据传输系统

由计算机产生的数字信号，经过调制器调制成音频信号，送给无线电发射机调制，再经发射天线发射出去。无线电接收机将天线接收到的信号解调成音频信号，再送给解调器解调以还原成数字信号。

二、微波中继信道

微波频段的无线电信道称为微波中继信道。由于地球表面是球面，所以微波传送时，必须每 40 ~ 50 km 设置一个中继站，按接力的方式，一站一站地传送下去。这种传送方式称为微波中继通信。

微波中继通信的优点是：微波频段的频带很宽，可以容纳许多无线电频道且不互相干扰。因此，微波收发信机的通频带可以做得很宽。一套设备作多路通信，通信稳定，方向性强，保密性好，不易受干扰，成本较有线通信低，所以在电力系统中获得广泛应用，尤其是主干通信。

三、卫星信道

卫星通信简单地说就是地球上（包括地面和低层大气中）的无线电通信站间利用卫星作为中继而进行的通信。卫星通信系统由卫星和地球站两部分组成。

卫星通信的特点是：通信范围大；只要在卫星发射的电波所覆盖的范围内，从任何两点之间都可进行通信；不易受陆地灾害的影响（可靠性高）；只要设置地球站电路即可开通（开通电路迅速）；同时可在多处接收，能经济地实现广播、多址通信（多址特点）；电路设置非常灵活，可随时分散过于集中的话务量；同一信道可用于不同方向或不同区间（多址联接）。全球星(Globalstar)有 48 颗卫星组成,分布在 8 个圆形倾斜轨道平面内,轨道高度为 1 389 km,倾角为 52°。

【思考题】

1. 常见的有线信道有哪些？
2. 请说明光纤信道的工作原理。
3. 常见的无线信道有哪些？

项目三　被控端结构

自远动终端微机化以来，其结构发生明显变化。早期的微机远动终端多为单 CPU，即所有的数据处理由一个 CPU 完成，各种功能的扩展（如遥信采集、遥测采集）通过输入/输出口实现。随着现代化生产管理进程的不断加快，要求实现远动终端自动化，远动终端需要监控的信息量不断增大，实时性要求不断提高，因此单 CPU 的远动终端受到了扩展能力、数据处理能力、实时性、设置的灵活性等诸多因素的限制。计算机技术的不断发展，为远动终端的多 CPU 工作方式提供了必要的物质基础。

无论单 CPU 还是多 CPU 的远动终端，其所要完成的基本功能都是一致的。远动终端除了要完成"四遥"功能以外，还应完成电能脉冲量采集、远程通信以及当地功能等。远动终端的硬件结构通常按照 RTU 所需完成的功能设计，框图如图 4-3-1 所示。

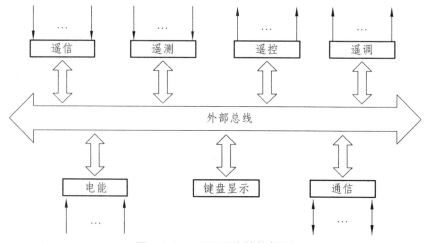

图 4-3-1　RTU 硬件结构框图

如图 4-3-1 所示中，各功能部分均可带有 CPU，组成特定功能的智能模块。每一种功能模块所处理的信息量是一定的，当信息量较大时，可用多块功能模板。各模板之间的数据交换通过数据总线完成，外部总线可以是并行总线，也可以是串行总线。

知识点一　RTU 硬件组成

RTU 设备的内部硬件主要以工业控制计算机为核心，配备数据存储器及各种接口电路。其基本结构主要包括以下几部分，如图 4-3-2 所示。

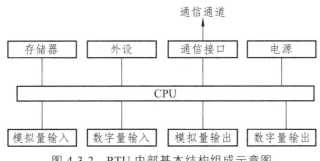

图 4-3-2　RTU 内部基本结构组成示意图

1. 控制处理子系统

RTU 中计算机一般采用字长不低于 16 位的工业控制用微处理器，并配有足够的内存容量及实时数据采集、管理软件和相应的数据库，以实现对各 I/O 模块的实时管理及数据处理。

2. 遥控输出子系统

接收调度端送来的遥控命令信息，通过遥控出口继电器执行，直接与被控端被控对象的配电盘接口；输出接口界面采取光电隔离措施，并对遥控输出接口进行检测。

3. 遥信输入子系统

通过信息采集接口电路与配电盘直接接口，采集来自现场被控对象的实时状态信息，包括位置遥信和非位置遥信；遥信输入采用无源接点方式，输入接口界面采取光电隔离措施及防止被控对象接点抖动的干扰。

4. 模拟量输入接口

用于实现遥测数据信息的采集，接收来自模拟量变送器设备的信息，核心设备 A/D 转换板可采用智能板；模拟量输入可采用电流型或电压型，输入接口界面采取一定的抗干扰及隔离措施。

5. 电度量输入接口

接收来自电度量变送器设备的信息，用于电度测量，输入接口界面也要采取一定的抗干扰及隔离措施。

6. 故障点参数接口

接收来自接触网故障点标定设备（故测仪）的信息，以及向该设备传送有关控制信息；接口方式一般采用 RS232 串行接口或并行数据接口。

7. 通信接口子系统

采用冗余结构双重接口配置方式，采取抗干扰编码等措施确保可靠通信；主要用于完成远动数据的发送和接收。

8. 电源子系统

为 RTU 内各模板及 RTU 附属设备提供不间断工作电源；一般可接入交流或直流两种外部电源，并设置过电压保护，确保 RTU 设备的安全。

知识点二　RTU 功能

RTU 是被控端的远动设备，它实际上也是一个微机，用来完成遥控接收、输出执行、遥测、遥信量的数据采集及发送的功能。

1. 遥　测

采集并将被控站的某些运行参数传送给调度所，如有功和无功功率、电能、电压、电流等电气参数及接触网故障点等非电气参数。

2. 遥　信

采集被控站的设备状态信号远距离传送给调度所，如开关位置信号、报警信号等。

3. 遥　控

调度端发来的遥控命令，RTU 收到命令，确认无误后，即进行遥控操作，通过接口电路执行机构，使某个或多个断路器或隔离开关进行"合"或"分"的操作。

4. 遥　调

调度端发来遥调命令，RTU 收到命令，确认无误后，调整被控站的某些运行参数，如进行有功功率、无功功率的调节等。

5. 与调度端通信

把采集到的各种数据，组成一帧一帧的报文送往调度端，并接收调度端送来的命令报文。RTU 应具备通信速率的选择功能，还应有支持光端机、微波、载波、无线电台等信道通信转换功能。对接收到的数据要进行抗干扰译码，如果发现有误，则不执行命令。

6. 当地功能

RTU 的当地功能指通过自身或连接的显示、记录设备，实现对被控端的监视和控制能力，如 CRT 显示、汉字报表打印输出、本机键盘和显示器等。

7. 系统对时

RTU 站间 SOE 分辨率是一项系统指标，因此它要求各 RTU 的时钟与调度中心的时钟严格同步。

8. 自恢复和自检测功能

RTU 作为远动系统的数据采集单元，必须保证不间断地完成和 SCADA 系统的通信，但 RTU 的工作环境恶劣，具有强大的电磁干扰，运行中难免发生程序受干扰，或通信瞬间中断等异常情况，有时也会发生电源瞬时掉电，这都会造成 RTU 死机，而使系统无法收到该被控对象的信息。

9. 被测量越死区传送

每次采集到的模拟量与上一次采集到的模拟量进行比较，若差值超过一定的限度，则送往调度端；否则，认为无变化，不传送。该传输方式还可以大大地减少数据的传输量。

10. 事件顺序记录

当某个开关状态发生变位后，记录下开关号、变位后的状态，以及变位的时刻。事件顺序记录有助于调度人员及时掌握被控对象发生事故时各开关和保护动作状况及动作时间，以区分事件顺序，做出运行对策和事故分析。

知识点三　RTU 分类

在体系结构上，变电所内的 RTU 可以分为集中式 RTU 和分布式 RTU 两大类。分布式 RTU 又可以分为功能分布式 RTU 和结构分布式 RTU 两大类。在采样方式上，RTU 又可分为直流采样 RTU 和交流采样 RTU 两类。在组屏方式上，RTU 还可分为集中组屏和分散布置两类。在结构上，RTU 还可分作机柜式 RTU、壁挂式 RTU 和单元模块化 RTU 等几类。

1. 集中式 RTU 装置

集中式微机远动装置 RTU 的典型体系结构如图 4-3-3 所示。图 4-3-3 中，CPU 为系统中唯一的智能模块，它负责管理其他非智能模块，并通过两个 RS232C 串行口，经调制解调器 Modem（载波通信用）分别和两个调度主机通信，另一个 RS232C 串行口用于外接 CRT 实现自检。

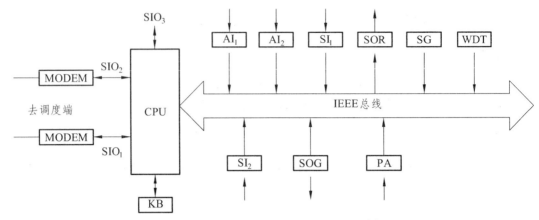

图 4-3-3　集中式微机远动装置 RTU 结构

SI 为遥信模块，由若干个子模块（即 SI_1、SI_2 等）构成；AI 为遥测模块，由若干个子模块（即 AI_1、AI_2 等）构成；PA 为电能脉冲量采集模块；SOC 为遥控模块；SOR 为遥调模块；KB 为键盘与显示器模块；SG 为开关组态模块；WDT 为监视定时器模块。各模块之间均以并行总线不允许传输太长的距离（通常小于 30 cm），所以集中式 RTU 均是布置于一个机箱内或机柜中。因此，集中式 RTU 的主要特征为单 RTU、并行总线和集中组屏。

集中式 RTU 采用的并行总线一般有以下 3 种。

（1）796 总线（Multibus）。

（2）STD 总线。

（3）PCI 总线。

采用 PCI 总线构成 RTU 可以利用工业控制 PC 机的资源，且可直接采用众多的 PC 总线接口板，既可降低成本，又可提高可靠性。利用工业控制 PC 机的键盘、显示器、磁盘、打印机等资源，可以很容易地构成当地功能系统。

2. 分布式 RTU 装置

集中式 RTU 装置因采用单处理器，CPU 负荷过重，往往不能满足被控系统自动化的不断发展的要求。例如，随变电所设备规模的增加，要求 RTU 能够采集更多的开关量、模拟量和电度量，能够进行更多路的遥控和遥调，能够与更多的调度主机建立联系，此外对事件顺序记录（SOE）的站内分辨率的要求也不断提高。同时，采用总线的集中式 RTU 装置也不便于采集不在同一现场的被控设备参数。而多 CPU 结构、各模块间以串行总线相互联系的分布式微机远动装置则能很好地实现以上功能。

分布式微机远动装置的特点：多 CPU、串行总线、智能模块，既可以柜中组屏，又可以分散布置。分布式微机远动装置较集中式微机远动装置具有以下优点：

（1）布置灵活，便于采集地理上分布较散的信号。

（2）连线简单，可靠性高。

（3）便于扩容，容量可以增大。

（4）便于采用交流采样方式。

（5）便于实现多规约转发和一发多收。

但是，分布式微机远动装置的最小配置成本较集中式微机远动装置高，因而在小配置情况下，不如集中式微机远动装置经济。

知识点四　RTU 的发展

铁道供电远动系统被控端的发展经历了以下四个阶段：

第一代：远动系统的被控端 RTU 装置采用布线逻辑式，然后又逐步发展为晶体管式，其特点是所有功能均由硬件电路组成，按预定的要求使构成装置的各部分电路按固定的时间顺序工作来完成预定的功能。RTU 装置的功能简单，但结构复杂，难于维护。

第二代：被控端系统是采用大规模集成电路的集中式远动装置，其特点是装置功能由嵌入式硬件和完成指定功能的嵌入式软件共同实现，保护装置和用于测控目的的 RTU 装置独立设置，电气量的采集采用直流采样技术，远动装置的功能虽然有所增强，但硬件扩展仍然较为困难。

第三代：被控端系统采用现场总线技术和 DSP 数字信号处理器芯片。其特点是电气量的采集采用交流采样技术，被控端系统的功能逐步细化，除传统的 RTU 装置外，还分化出功能更加细化的馈线终端装置（FTU）、信号电源监控装置（STU），同时也出现了集保护、测控功能为一体的变电所综合自动化系统 SAS。由于采用现场总线技术，被控站系统的扩展较为便利，但由于现场总线种类繁杂，接口不一，不同总线的接口及信息交互困难。

第四代：被控端系统的特点是现场网络整合为工业以太网并且采用标准的通信协议，其代表系统为基于 IEC61850 标准通信协议的变电所综合自动化系统。

【思考题】

1. 远动系统被控端应具备哪些功能？

2. 什么是事件顺序记录？

3. 事件顺序记录中的时间分辨率的定义是什么？RTU 内时间分辨率和 RTU 间时间分辨率有什么区别？

4. 集中式 RTU 和分布式 RTU 有什么区别？相比较而言，分布式 RTU 有什么特点？

【实训项目】

被控端硬件设备认知。

项目四　综合测控装置

数字式综合测控装置（以 PSR651 为例）主要用于面向单元设备的测控应用，也可配置成集中式测控应用。装置主要功能包括开关量信号采集、脉冲信号采集、编码信号采集、温度信号采集、直流信号采集、交流量信号采集、开关量控制输出、模拟量信号输出/遥调、SOE 事件顺序记录、同期、变压器分接头调节及滑挡闭锁、图形化逻辑可编程功能、间隔五防闭锁、远方就地操控以及各种通信接口等。其中，交流采集包括电压、电流、零序电流电压及越限判别、有功、（真）无功、功率因数、谐波及谐波畸变率、计算电度、断线判别、电压不平衡度等。每单元装置内部由 CAN 总线连接的多个智能子处理模块组成。

数字式综合测控装置的管理主模块实际上有两个由 MCU 组成的系统，它们之间通过 SPI 接口通信。一个是由 32 位处理器形成的主模块（以下简称 CPU），与其他子模块一样从装置背后插拔；另一个是由单片机形成的键盘显示系统（以下简称 HMI），它作为一个外设装于测控装置的前面板内侧。图 4-4-1 是装置内部关系示意图。

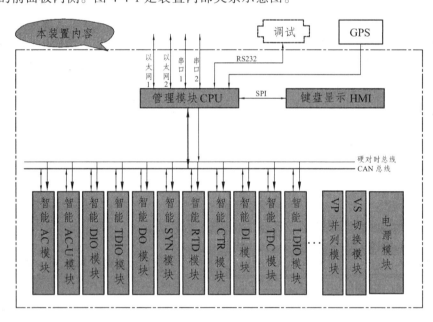

图 4-4-1　测控装置内部示意图

装置各子模块按功能分配，分别有：

- 智能开入模块（以下简称 DI）；
- 智能交流采集模块[统称为 AC，含 4TV/3TA 及同期功能的以下简称 AC-1；含 6TV/6TA 及同期功能的以下简称 AC-2(TV 额定电压为 57.7 V、100 V)和 AC4-2(TV 额定电压为 220 V、

400 V）；含 3TV/9TA 的以下简称 AC-3；含 12TV 的以下简称 AC-U]；

- 智能温度直流模块（以下简称 TDC）；
- 智能控制模块（以下简称 CTR）；
- 智能开出模块（以下简称 OUT、DO）；
- 智能温度模出模块（以下简称 RTDAO）；
- 智能保持开出开入模块（以下简称 LDIO）；
- 智能开入开出模块（以下简称 DIO）；
- 智能开入开出直流模块（以下简称 TDIO）；
- 智能同期模块（以下简称 SYN）；

以及其他可选配模块。

各模块功能简述如下：

- DI 模块功能包括可配置的开关量采集、脉冲量采集、编码信号等采集；
- AC 模块功能包括：电流、电压、基波和谐波的有效值、有功功率、无功功率、功率因数、真有效值、真有功功率、真无功功率、真功率因数、基波频率、相电压到线电压的计算、计算电度（正向有功电度、反向有功电度、正向无功电度和反向无功电度），电能质量参数（三相不平衡度、谐波含有率、总谐波畸变率等）、监测事件信息（CT/PT 断线、零序电压越限、零序电流越限）等；
- TDC 模块可直接接驳 4 路三线制 RTD 和 220 V、110 V、5 V、20 mA、1 mA 的电压、电流输入并采集计算；
- OUT、CTR、DO 模块可以实现遥控/遥调；
- RTDAO 模块可以输出模拟量信号，实现遥调等功能，还可直接接驳 10 路三线制 RTD；
- LDIO 模块可以输出磁保持接点，可以配合实现特定五防等功能，还具有 16 路开入；
- DIO 模块同时具有遥信、遥控/遥调功能，可实现滑挡闭锁等功能；
- TDIO 模块同时具有遥信、遥控/遥调、直流采集等功能，可实现滑挡闭锁等功能；
- SYN 模块可实现较复杂的同期功能，如变压器三侧同期和一个半断路器同期等，一般的同期功能由 AC-1 或 AC-2 模块即可完成，如单断路器同期、主变两侧同期等；
- HMI 模块是人机接口模块；
- 装置管理主模块则负责管理收集各子模块信息和配置并完成图形化逻辑可编程、五防闭锁、远方/就地控制、同期投入/退出选择以及驱动人机接口界面等。

知识点一　智能开入模块 DI

一、智能开入模块硬件原理

智能开入模块硬件结构如图 4-4-2 所示。

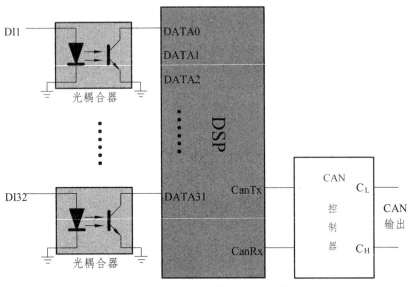

图 4-4-2　智能开入模块硬件结构图

光耦合器是把发光器件（如发光二极管）和光敏器件（如光敏三极管）组装在一起，通过光线实现耦合构成电—光和光—电的转换器件。当电信号送入光电耦合器的输入端时，发光二极管通过电流而发光，光敏元件受到光照后产生电流，三极管导通；当输入端无信号，发光二极管不亮，光敏三极管截止。对于数位量，当输入为低电平"0"时，光敏三极管截止，输出为高电平"1"；当输入为高电平"1"时，光敏三极管饱和导通，输出为低电平"0"。

DSP 数据处理系统将智能开入模块采集的信息存储并处理，将需要上传的信息通过CanTx 端口输出至 CAN 控制器，CAN 控制器将接收的信息以 CAN 总线的形式传输给其他子功能模块和装置管理主模块。

二、智能开入模块功能

智能开入模块的功能包括开关量输入、编码输入、脉冲量输入。具体而言，开关量输入可以采集：开关位置、刀闸位置、分接头位置、各种保护安全装置动作报警信号、其他公用信号等。编码输入可以采集：水位信息、分接头位置等。脉冲量输入可以采集：正向有功电度、反向有功电度、正向无功电度、反向无功电度。模块可以定义双位遥信，并具有双位遥信异常输出信号。

所有输入每路都有自己的滤波时间常数（或称为消抖时间、防抖时间），可设置范围为 0~9 999 ms，级差 1 ms。具体设置值参考信号最大可能变化速度和最小变化时间而定，一般开关量可设置为 15 ms，对于一些操作回路断线信号，由于开关分合时可能产生短时断线信号，故滤波时间可视情况设长一点，如 1 000 ms。开关量可以设置为一般状态量（不产生 SOE）

和 SOE（包含采集状态量信息）两种。

　　智能开入模块共有 32 路输入，分成四组，每组分别为 8 路、8 路、12 路和 4 路，各组开入电源可以不同。通常该模块可接入 220 V 或 110 V 的开关量信号，且可在板上通过跳线选择是 220 V 还是 110 V 输入。如果需要 24 V 或 48 V 的开关量输入，须在工程中特别注明，以便焊相应的材料，此时也可通过跳线选择是 24 V 还是 48 V 输入。每组都可分别指定是 220 V/110 V 还是 48 V/24 V 输入，但同一组内必须相同。开入可以通过板上跳线设定为 220 V（48 V）电源或 110 V（24 V）电源信号输入，短接片跳到"R"指示的位置表示 110 V（24 V），跳到"L"指示的位置或"L""R"都不跳表示 220 V（48 V）。

　　智能开入模块可以通过开入模块类型定值项来预设的，如表 4-4-1 所示。当数字输入模块类型为非 0 时，该定值随后的定值项不可修改，而由装置软件根据此类型值自动填入相应意义的定值，并在再次调出定值时可见到对应该类型的定值内容；当开入模块类型为 0 即用户自定义类型时，该定值随后的定值项可修改，即随后的定值项由用户根据需要自定，这些定值定义了每路信号输入的特性。

表 4-4-1　开入模块类型典型配置含义

模块类型	类型说明	简　称	说　明
0	用户自定义		
1	应用方式 1	32 SYX	所有 32 路为 FT = 15 ms 的遥信输入
2	应用方式 2	28 SYX，4 PI	前 28 路为 FT = 15 ms 的遥信输入，后 4 路为 FT = 10 ms 的脉冲量输入
3	应用方式 3	30 SYX，2 LYX	前 30 路为 FT = 15 ms 的遥信输入，后 2 路为 FT = 1 s 的遥信输入
4	应用方式 4	26 SYX，2 LYX，4 PI	前 26 路为 FT = 15 ms 的遥信输入，接着 2 路为 FT = 1 s 的遥信输入，后 4 路为 FT = 10 ms 的脉冲量输入
5	应用方式 5	26 SYX，6 BIN	前 26 路为 FT = 15 ms 的遥信输入，后 6 路为 FT = 50 ms 的 BIN 码输入
6	应用方式 6	22 SYX，6 BIN，4 PI	前 22 路为 FT = 15 ms 的遥信输入，接着 6 路为 FT = 50 ms 的 BIN 码输入，后 4 路为 FT = 10 ms 的脉冲量输入
7	应用方式 7	13 SYX，19 SCC	前 13 路为 FT = 15 ms 的遥信输入，后 19 路为 FT = 50 ms 的单接点编码输入
8	应用方式 8	16 PI，16 SYX	前 16 路为 FT = 10 ms 的脉冲量输入，后 16 路为 FT = 15 ms 的遥信输入
9	应用方式 9	19 SYX，13 ACC	前 19 路为 FT = 15 ms 的遥信输入，后 13 路为 FT = 50 ms 的进位码输入

知识点二　12U 智能交流采集模块 AC-U

　　12U 智能交流采集模块包括 12 路电压输入、MCU 处理子系统和 CAN 控制器等。图 4-4-3 给出了 12U 智能交流采集模块的原理结构图。

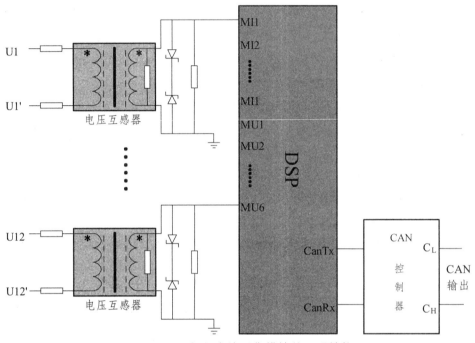

图 4-4-3　12U 智能交流采集模块的原理结构图

　　其中，电压互感器采用爱普科斯的 DIS_TV100 型号，其二次侧额定电压为 100 V，电压互感器将一次侧高电压按比例关系变换成 100 V 或更低等级的标准二次电压，并输入到 DSP 数据端，DSP 对所采集的数据进行存储并计算，然后通过 CanTx、CanRx 口输出到 CAN 控制器，以 CAN 总线的形式将采集的电压数据传输至 CPU 模块。同时，使用电压互感器可以将高电压与电气工作人员隔离。

　　智能交流采集模块在采集交流电压时，以每周波 128 点采样，并采取自动频率跟踪采样，实际计算结果输出到 21 次谐波，模块提供相电压到线电压计算及断线、$3U_0$ 越限判别等功能。

一、相电压到线电压计算

　　用户通过相电压定值，指定外部接入的三相相电压。模块根据用户定义的三相相电压，计算线电压向量 $\overrightarrow{U_{AB}}$、$\overrightarrow{U_{BC}}$、$\overrightarrow{U_{CA}}$、零序电压向量 $3\overrightarrow{U_0}$ 以及正序和负序向量。每个相电压定值用 1 个 16 位的字表示。字中位的分配见表 4-4-2，其中相序号取值见表 4-4-3。

表 4-4-2　相电压定值字含义表

位号	15	14	13	12	11	10	9	8	7	6	5	4	3	2	1	0
含义	标志	(保留)			A 相序号				B 相序号				C 相序号			

表 4-4-3　AC-U 模块电压序号对应表

序号	名　称	序号	名　称
1	第 1 路电压接入量 U_1	7	第 7 路电压接入量 U_7
2	第 2 路电压接入量 U_2	8	第 8 路电压接入量 U_8
3	第 3 路电压接入量 U_3	9	第 9 路电压接入量 U_9
4	第 4 路电压接入量 U_4	10	第 10 路电压接入量 U_{10}
5	第 5 路电压接入量 U_5	11	第 11 路电压接入量 U_{11}
6	第 6 路电压接入量 U_6	12	第 12 路电压接入量 U_{12}

二、断线判别

1. TV 一相或两相断线

一相电压（基波有效值）小于 8 V，另两相电压大于 28 V，且某相电流大于 0.02 倍电流额定值，若持续 16 个周波，判为一相断线。

两相电压（基波有效值）小于 8 V，另一相电压大于 28 V，且某相电流大于 0.02 倍电流额定值，若持续 16 个周波，判为两相断线。

当断线相电压大于 28 V 时，且某相电流大于 0.02 倍电流额定值，认为电压断线恢复。

2. TV 三相失压

三相电压（基波有效值）均小于 8 V，且某相电流大于 0.02 倍电流额定值，若持续 16 个周波，判为三相失压。

当三相电压均大于 28 V 时，且某相电流大于 0.02 倍电流额定值，认为三相失压恢复。

三、$3U_0$ 越限判别

用于判断 $3U_0$ 是否越限的门槛值，当超过门槛值并维持 15 s 则报越限事件，返回系数为 1。当"相电压定值"指定的三相电压的 $3U_0$ 大于"$3U_0$ 定值"时，上送虚遥信"$3U_0$ 越限"。

知识点三　智能开入开出模块 DIO

智能开入开出模块具有 24 路开关量输入（分两组，分别为 17 路、7 路）和 4 路空接点输出（第 1 路有联动输出），其硬件结构图如图 4-4-4 所示。该模块可以定义双位遥信，并具有双位遥信异常输出信号。模块可实现滑挡闭锁功能，也可用于普通遥信采集、遥控输出等。设定滑挡闭锁时，最后 3 路空接点输出应分别是升、降和急停。

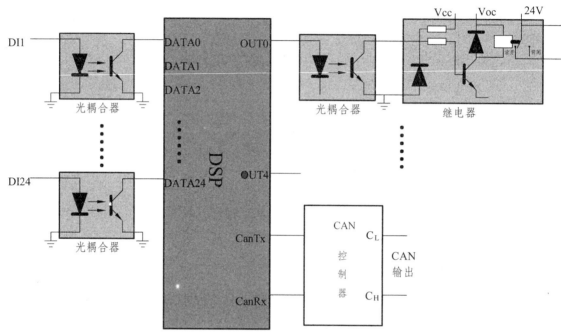

图 4-4-4　智能开入开出模块的原理结构图

与智能开入模块一样，开入也可以通过板上跳线设定为 220 V （48 V）电源或 110 V（24 V）电源信号输入，短接片跳到"R"指示的位置表示 110 V（24 V），跳到"L"指示的位置或"L""R"都不跳表示 220 V（48 V）。

智能开入开出模块的定值除滑挡闭锁投退、调压闭锁信号序号、分接头中心挡、控制脉宽等按具体情况分别整定外（即这些定值未受典型类型控制），有关开入部分定值与 DI 模块类似，即有开入模块类型定值。当该定值为 0 时，该定值后面的定值可修改，而当该定值即类型值为非 0 时，则其后的定值不可修改，而是由程序根据类型值自动填入相应后续定值。DIO 模块典型类型含义见表 4-4-4。

表 4-4-4　开入开出模块中数字输入模块类型取值含义

模块类型	类型说明	简　称	说　明
0	用户自定义		
1	应用方式 1	24 SYX	所有 24 路为 FT = 15 ms 的遥信输入

模块类型	类型说明	简　称	说　明
2	应用方式 2	5 SYX, 19 SCC	前 5 路为 FT = 15 ms 的遥信输入，后 19 路为 FT = 50 ms 的单接点编码输入
3	应用方式 3	7 SYX, 17 SCC	前 7 路为 FT = 15 ms 的遥信输入，后 17 路为 FT = 50 ms 的单接点编码输入
4	应用方式 4	19 SYX, 5 BIN	前 19 路为 FT = 15 ms 的遥信输入，后 5 路为 FT = 50 ms 的 BIN 码输入
5	应用方式 5	18 SYX, 6 BCD	前 18 路为 FT = 15 ms 的遥信输入，后 6 路为 FT = 50 ms 的 BCD 码输入
6	应用方式 6	17 SYX, 7 PI	前 17 路为 FT = 15 ms 的遥信输入，后 7 路为 FT = 10 ms 的脉冲量输入
7	应用方式 7	22 SYX, 2 LYX	前 22 路为 FT = 15 ms 的遥信输入，后 2 路为 FT = 1 s 的遥信输入
8	应用方式 8	11 SYX, 13 ACC	前 11 路为 FT = 15 ms 的遥信输入，后 13 路为 FT = 50 ms 的进位码输入

知识点四　装置管理主模块 CPU

图形化逻辑可编程、五防闭锁等功能在装置管理主模块上处理，远方/就地、同期/非同期和单网/双网的方式选择等也在此模块上切换。远方/就地仅可作用于控制和信号复归。远方指通过测控装置通信口下达命令者；就地指通过测控装置面板按键控制。装置管理主模块原理简图参见图 4-4-5。

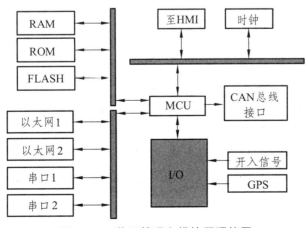

图 4-4-5　装置管理主模块原理简图

管理主模块主要由以下两部分构成：

一、CPU 系统

CPU 系统由 MCU、RAM、ROM、Flash Memory 等构成。高性能的 32 位处理器，大容量的存储空间，使得该 CPU 模块具有极强的数据处理及记录能力。C 语言编制的保护程序，使程序具有很强的可靠性、可移植性和可维护性。

CPU 系统自身带有 8 路开关量输入，开关量输入经光耦隔离。

CPU 系统内含两个以太网络芯片，允许电接口或光接口通过以太网进行通信，同时支持两路串口通信（RS232/485/422）。

系统还配置了一个 SPI 接口，用于与人机对话模块（HMI）通信；一个 SCI 接口（隔离的 RS232 接口，引出于面板上）用于连接 PC 机等，可以借助 PC 机的强大功能及配置的专用调试软件包对整个装置进行各种测试、调试和设置。

系统内设置了硬件时钟回路，采用的时钟芯片精度高。时间系统无千年虫问题。本装置还考虑了硬件对时电路，接收 GPS 的分或秒脉冲对时信号，同时扩展 GPS 信号到各子模块，确保整个系统都处于精确对时中。

开关量输入系统电路同 DI 模块，可以选择 220 V/110 V 或 48 V/24 V 输入。

GPS 电路通常用 24 V 电源驱动。

二、HMI 系统

人机对话（HMI）系统的主要功能是显示装置信息，扫描面板上的键盘状态以及选择开关状态，并实时传送给 CPU。故对于 CPU 而言，HMI 相当于是它的一个外设。CPU 与 HMI 之间通过 SPI 接口进行通信，且具有高度的可靠性。采用此种配置方式，既避免了 CPU 大量的总线外引，提高了装置的可靠性，又几乎不增加产品成本，提升了装置的性能价格比。

本插件上的显示窗口采用图形液晶显示器，可以实时显示系统状态、采集数据、主接线图、定值等，人机界面清晰易懂，配置以 PS 系列保护装置通用的键盘和专用控制操作按键，使得人机对话操作方便、简单、可靠。

管理主模块上下行数据主要有：遥测值、遥信状态、SOE、事件信息（装置上电、装置出错信息等）等。上送数据分别见表 4-4-5 所示的事件信息表和表 4-4-6 所示的遥信、SOE 信息表。

表 4-4-5　CPU 模块的事件信息表

序号	事件名称	序号	事件名称
1	装置上电	29	12#子功能模块通信中断
2	RAM 自检错误	30	13#子功能模块通信中断
3	ROM 自检错误	31	14#子功能模块通信中断
4	FLASH 错误	32	15#子功能模块通信中断
5	EEPROM 错误	33	扩展子功能模块通信中断
6	时钟芯片错误	34	无效定值区
7	面板通信错误	35	逻辑定值出错
8	CAN 通信错误	36	逻辑输入出错
9	LANA 通信错误	37	逻辑输出出错
10	LANB 通信错误	38	逻辑定值 CPU 出错
11	串口通信错误	39	逻辑出口发命令
12	开入自检错误	40	逻辑出口发命令不成功
13	控制启动信号异常	41	逻辑闭锁出口
14	AD 自检错误	42	自定义事件 0
15	TCP 通信超时	51	自定义事件 1
16	UDP 通信超时	52	自定义事件 2
17	TCP 连接超时	53	自定义事件 3
18	TCP 通信中断	54	自定义事件 4
19	2#子功能模块通信中断	55	自定义事件 5
20	3#子功能模块通信中断	56	自定义事件 6
21	4#子功能模块通信中断	57	自定义事件 7
22	5#子功能模块通信中断	58	自定义事件 8
23	6#子功能模块通信中断	59	自定义事件 9
24	7#子功能模块通信中断	60	当地修改定值
25	8#子功能模块通信中断	61	远方修改定值
26	9#子功能模块通信中断	62	GPS 脉冲消失
27	10#子功能模块通信中断	63	软对时消失
28	11#子功能模块通信中断		

表 4-4-6　CPU 模块的遥信、SOE 信息表

序号	名　称	备　注	
1	预告总	整个装置的预告总，是所有子模块、CPU 模块预告总的合并	
2	事故总	整个装置的事故总，是所有子模块、CPU 模块事故总的合并	
3	开入 1	对应模块端子输入 1	普通遥信
4	开入 2	对应模块端子输入 2	
5	开入 3	对应模块端子输入 3	
6	开入 4	对应模块端子输入 4	
7	开入 5	对应模块端子输入 5	
8	开入 6	对应模块端子输入 6	
9	开入 7	对应模块端子输入 7	
10	开入 8	对应模块端子输入 8	
11	遥信 9	虚遥信 1	共 21 个，由逻辑模块产生，相当于软遥信
⋮	⋮	⋮	
31	遥信 29	虚遥信 21	
32	GPS	GPS 信号输入	仅用于测试 GPS 回路正确性时监视用，不上送

知识点五　电源模块 POWER

电源 POWER 模块为直流逆变电源插件。直流 220 V 或 110 V 电压输入经抗干扰滤波回路后，利用逆变原理输出本装置需要的五组直流电压，即 5 V，3.3 V，±12 V，12 V 和 24 V。

各输出电压系统的用途如下：

（1）5 V 和 3.3 V：用于各处理器系统的工作电源；

（2）±12 V：用于模拟系统的工作电源；

（3）12 V：用于显示模块电源驱动；

（4）24 V：用于驱动信号输出及继电器的电源。

为增强电源模块的抗干扰能力，本模块的直流输入电源皆装设滤波器。

电源模块支持同时接入两路电源输入，并可在两路输入间热备用无缝切换。

【思考题】

1. 数字式综合测控装置（PSR651）的有哪些功能模块？
2. 简述 DI 模块的硬件原理。
3. 如何判别 TV 一相或两相断线或三相失压？
4. DIO 模块的功能有哪些？
5. 请说明什么是逆变原理。

【实训项目】

数字式综合测控装置（PSR651）认知。

第五部分　远动系统应用

项目一　调度端 OPEN3000 软件认知

知识点一　软件登录

一、硬件平台

OPEN3000 软件对应的硬件平台有两个，分别为 Unix 平台和 PC 平台，打开计算机后输入用户名：ems，口令：open2000，进入系统。

二、系统总控台

OPEN3000 系统总控台（见图 5-1-1）是调度员进入系统进行监视的操作总控制台，调度员的主要操作均可以通过该总控台进入，是一个便捷友好的人机界面。

图 5-1-1　总控台

总控台大体可以分为 6 个区域，由左往右分别是系统图标、时间显示区、系统重要遥测量显示区、系统频率显示区、系统功能操作区和总控台用户登录区。

时间显示区显示当前系统的时间，实时刷新。

系统重要遥测量显示区显示当前系统中的三个重要遥测量，一般为系统总加量，其数据实时刷新。若三个量中有未定义或定义错误的量，在该显示区中则显示 N/A。

系统频率显示区主要显示系统的频率曲线，其曲线数据实时刷新。

系统功能操作区是调度员以及自动化人员进入 OPEN3000 系统进行系统监视及操作的主要区域，由六大类下拉式菜单组成。当调度员未在 OPEN3000 总控台中完成登录操作时，该区域被隐去，不能操作，只有调度员完成总控台登录操作后方可进行操作。

总控台用户登录区是调度员打开总控台后最先需要进行操作的区域。该区域显示用户名、责任区名以及用户登录相关操作按钮。

1. 系统总控台的启动与停止

1）UNIX 平台

启动：点击鼠标右键，选择"另开终端"，输入 sam_ctl start fast；按"回车键"，将自动启动控制台，跳出图 5-1-1 所示的界面。

停止：点击鼠标右键，选择"另开终端"，输入 sam_ctl stop；按"回车键"。

2）PC 平台

启动：直接双击桌面上的软件图标。

停止：开始→运行→cmd→进入终运行框→输入 d:

cd　open2000e

cd　bin

sam_ctl　stop

2. 调度员登录

用户登录是调度员通过总控台进入 OPEN3000 系统的第一步，点击总控台用户登录区上的按钮 ，屏幕上将弹出对话框，如图 5-1-2 所示。

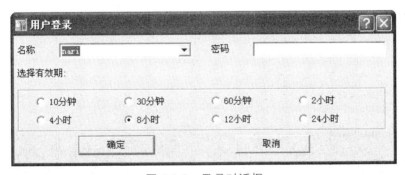

图 5-1-2　登录对话框

输入用户名称及密码，选择登录有效期（调度员操作时间超出有效期时，系统将自动注销），以输入的用户名登录系统。

3. 注销用户

调度员交接班时，上班调度员可以通过注销用户操作退出系统监视及操作，点击总控台上用户登录区的按钮 ，屏幕上将弹出注销对话框，如图 5-1-3 所示。

点击"YES"按钮，注销当前用户，此时下一班调度员可以重新在总控台上通过用户登录操作进入系统。

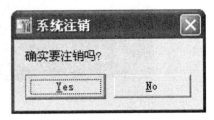

图 5-1-3　注销对话框

知识点二　图形浏览器

画面显示即图形浏览器，是系统适用最频繁的工具，对整个系统的界面浏览显示并进行操作。

一、启动及退出

在 OPEN3000 主控台上点击"画面显示"图标，如图 5-1-4 所示。

图 5-1-4　"画面显示"图标

图形浏览器启动后的界面如图 5-1-5 所示。

图 5-1-5　图形浏览器界面

退出方法如下：方法一，选择标题栏隐藏菜单的"关闭"选项；方法二，选择菜单/工具栏中的"退出"。

二、工具栏介绍

如图 5-1-6 所示，工具栏从左至右包含的工具有：打开图形、打印、前一幅图形、后一幅图形、下装图元、退出、新建编辑图形、新建显示图形、导航图、主画面、放大、缩小、全图、改变平面、显示有功、显示无功、显示电流、显示跑动箭头、态（缺省为实时态）、应用名（缺省为 SCADA 应用）、选择、区域选择等。

图 5-1-6 工具栏

1. 用户登录

调度员从总控台登录进入画面时，该按钮的登录态为 ；若未登录，该按钮状态为 。

2. 打开图形

若按下" "按钮，出现如图 5-1-7 所示的打开图形对话框，当选中某一图形后，双击该图形名称或单击"确定"按钮可打开该图形。

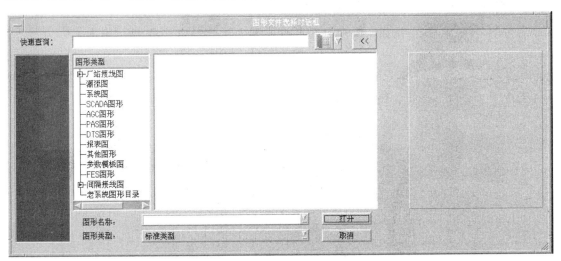

图 5-1-7 打开图形对话框

3. 关闭其他窗口

当系统画面比较多或是浏览器窗口较多时，可按下" "按钮，系统即关闭除本浏览器以外的所有浏览器窗口。

4. 退 出

若按下"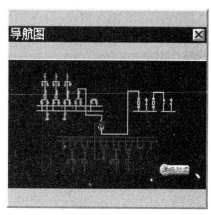"按钮，则关闭当前浏览器。

5. 导航图

若按下"〔〕"按钮，画面显示区域就显示所打开图形的缩小图形，如图 5-1-8 所示。

图 5-1-8　导航图

6. 主画面

这是一个快捷键，若按下"〔〕"按钮，就调出余弦设定的主画面图形。

7. 显示有功/显示无功/显示电流

若按下"〔P Q〕"按钮，画面上所有的有功/无功/电流都隐藏/显示出来。

8. 进入历史状态

若按下"〔〕"按钮，弹出取值时间选择，如图 5-1-9 所示：

图 5-1-9　取值时间选择框

9、显示设备信息

若按下"⊞"按钮，将鼠标放在相应的设备上时，系统在线显示相关信息，如图 5-1-10 所示。

图 5-1-10　设备信息

10. 推图锁定

系统在运行过程中若有事故，会告警推画面，所退出的画面超出设定的可退画面数时，新推画面会将原有浏览器窗口替代，若按下"⊘"按钮，则系统不会将该窗口画面替代。

11. 管理工具

点击"⊞"按钮，浏览器的主窗口左边会出现一个子窗口，如图 5-1-11 所示。

图 5-1-11　管理工具窗口

在管理工具窗口中可以进行以下操作：

（1）根据设备列表显示选择定位。

在设备列表一栏中列出了多选厂站图中的设备，如想直接定位到某个设备，可选中并双击，则浏览器右边的主画面显示区内自动定位到该设备，并以红色大箭头指示，如图 5-1-12 所示。

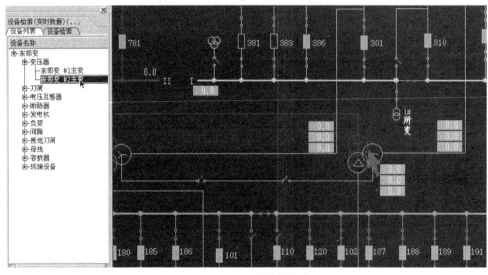

图 5-1-12　自动定位设备

（2）根据设备检索定位。

在设备检索一栏中提供按厂站、设备类别、设备名称检索设备，支持模糊查找，检索结果栏中会显示检索结果，同时浏览器右边的主画面显示区内即自动定位到该设备，并以红色大箭头指示，如图 5-1-13 所示。

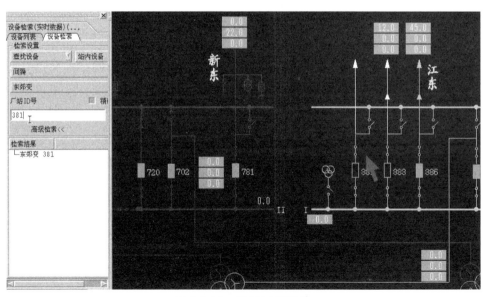

图 5-1-13　设备检索定位

（3）标识牌管理。

进入标识牌管理一栏，可以看到所显示厂站中所挂的标识牌情况，双击某个标识牌，浏览器右边的主画面显示区内即自动定位到该标识牌所属设备，并以红色大箭头指示，如图5-1-14所示。

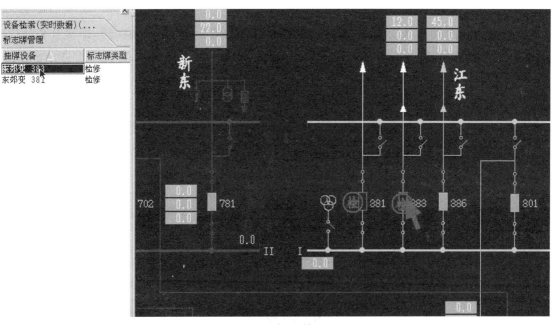

图 5-1-14　标识牌显示

（4）遥测采样。

在遥测采样一栏中提供按厂站、表查询采样定义，查询结果在遥测采样一栏的下方，如图 5-1-15 所示。

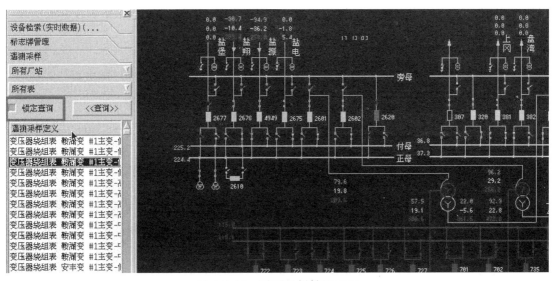

图 5-1-15　遥测采样结果显示

知识点三 SCADA 应用操作

一、通用菜单操作

在厂站接线图或 SCADA 应用的其他图形中通过鼠标右键点击空白区域，即弹出 SCADA 应用的右键菜单，如图 5-1-16 所示。

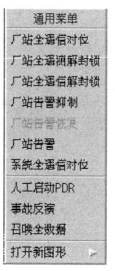

图 5-1-16 SCADA 应用菜单

1. 厂站全遥信对位

开关、刀闸变位后，厂站图上变位的开关、刀闸将闪烁显示，用于提示变位信息。"厂站全遥信对位"即在当前厂站中进行遥信对位确认停闪操作，恢复当前厂站中的正常显示。

2. 厂站全遥测解封锁

在当前厂站中进行所有遥测解封锁，当前厂站重新接收 FES 送来的遥测数据。

3. 厂站全遥信解封锁

在当前厂站中进行所有遥信解封锁，当前厂站重新接收 FES 送来的遥测数据。

4. 厂站抑制告警/厂站告警恢复

在当前厂站中所有量进行抑制告警操作，厂站抑制告警后，该厂站状态被置抑制告警态，其所属所有遥测遥信量均被告警抑制，但之后可以通过告警查询看到相关告警内容。

5. 厂站告警

在当前厂站中进行厂站告警操作，即对该厂站当天所有属于"电力系统"告警类的告警内容进行查询，并推出查询结果界面。

6. 系统全遥信对位

对系统中的所有厂站进行遥信对位，恢复所有厂站的正常显示。

7. 人工启动 PDR

选择该菜单项，系统弹出窗口，如图 5-1-17 所示；调度员可以设置 PDR（事故反演）断面保存的开始和结束时间，点击确定后，系统将自动保存当前实时态下的运行方式数据，供日后事故反演时使用。

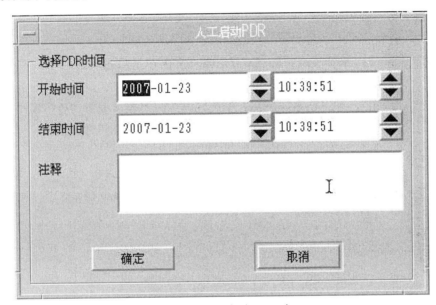

图 5-1-17　人工启动 PDR 窗口

8. 事故反演操作

选择该菜单项，即进行事故反演操作。　具体操作步骤如下：

（1）点击该菜单项，弹出事故反演操作主界面。

（2）点击操作界面中的 选择事故 按钮，主界面展开，显示选择区域。

（3）在选择区域的下方有供选择的 5 个按钮，帮助调度员进行事故反演事项的选择，使要选择的事项进入选择区域显示。

（4）调度员在选择区域找到需要反演的事故事项后，点击选中该事项，在操作主界面的信息显示区内则显示所选事故事项内容。

（5）此时可以进行启动反演操作。在启动反演之前，可以进入参数设置中检查反演的设置是否符合要求，点击 参数设置 按钮，系统弹出窗口。参数设置中是对反演的操作过程设置，模型设置则是对之后的启动反演时下装何种数据及画面模型进行反演设定。

（6）参数设置好后，即可启动反演。点击 启动反演 按钮，系统开始下装模型，弹出提示窗口，等待系统弹出提示成功窗口时，则表示启动成功。

（7）点击提示窗口的"OK"按钮，系统即自动弹出事故反演态的告警窗口和事故所属厂站的单线图画面。

（8）此时，事故反演的操作主界面仍在最前端，若嫌操作窗口过大，影响画面反演演示，可以进行以下两种操作：

① 操作一：点击操作主界面中的 隐藏选择区 按钮，将展开的事故事项选择区域隐藏，在这个正常显示的操作界面中进行反演操作。

② 操作二：点击操作主界面中的 缩略显示 按钮，将操作主界面缩略显示，在缩略界面中进行反演操作。其中，点击缩略界面中的 按钮，可以回到正常显示的操作界面状态。

（9）此时可以开始反演，在正常显示的操作界面中点击 开始 按钮（缩略图中为 按钮），操作界面中的时间开始计时，同时告警窗及厂站画面中开始反演事故发生前后时段的情况。

（10）反演结束后，如要退出反演，需双击操作界面右上角的按钮。

（11）系统弹出询问对话窗。

（12）点击"确定"，即退出事故反演，系统同时关闭事故反演态的告警窗口，保留事故反演态下的浏览器画面，调度员可以在此浏览器中切换态，进行实时态监视，浏览画面。

9. 召唤全数据

选择该菜单项，相当于向前置子系统召唤全数据，刷新后台数据。

二、设备菜单操作

1. 母　线

在厂站接线图中，选中母线，点击右键，弹出右键菜单，如图 5-1-18 所示。

图 5-1-18　母线设置

（1）参数检索。

选择"参数检索"菜单项，将弹出该母线的参数检索窗口。

（2）设置标志牌。

选择"设置标志牌"菜单项，将弹出标志牌窗口。在标志牌下选择下拉菜单中相应的标志牌，然后将其挂在母线上，该母线将显示为检修状态下的颜色，标识牌设置成功。对挂好的标志牌可以通过右键点击标志牌进行移动、删除和查看修改注释等操作。

（3）母线信息。

选择"母线信息"菜单项，将弹出母线信息模板，模板中显示所选母线设备的基本信息。

2. 开 关

在厂站接线图中，选中开关，点击右键，弹出右键菜单，如图 5-1-19 所示。

图 5-1-19 开关设置

（1）参数检索。

选择该菜单项，可以查看开关设备的基本参数。具体操作方式同母线参数检索操作方式。

（2）设置标志牌。

选择该菜单项可以对所选开关挂标志牌。具体操作方式同母线设置标志牌操作方式。对于挂好的标志牌，也可以通过右键点击标志牌进行移动、删除和查看修改注释等操作。

（3）遥信封锁。

选择该菜单项可以对开关进行人工置位操作。

具体人工置位操作分两类：

① 遥信封锁/解除封锁：封锁操作后系统将以人工封锁的状态为准，不再接收实时的状态，直到遥信解封锁为止。

② 遥信置数：置数操作后，在该开关未被新数据刷新之前以置数状态为准，当有变化数据或全数据上送后，置数状态即被刷新。

点击选择所需的遥信封锁或遥信置数菜单项，将开关设为相应的状态，设置成功后被设开关将显示封锁或置数颜色，以示区分。

（4）遥信对位。

单个开关变位后，将闪烁显示，用以提示变位信息。"遥信对位"操作确认并停止闪烁，恢复开关正常显示。

（5）全遥信对位。

在当前厂站中对厂站所属所有遥信进行确认停闪操作，恢复正常显示。

（6）单人遥控。

选择 遥控 菜单项后，将弹出遥控对话窗，如图 5-1-20 所示。

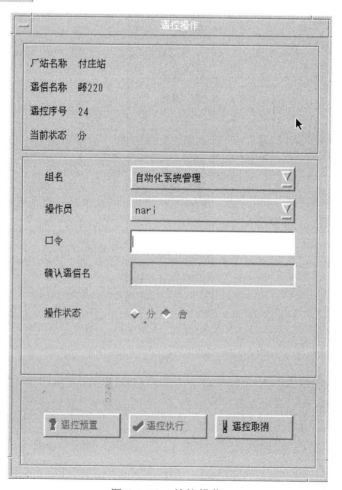

图 5-1-20　单控操作

该对话窗分为三部分，最上面的部分是遥控的设备名称说明，中间的部分是遥控操作交互，下面的部分是确认按钮。

调度员的操作主要在中间的交互区，操作步骤如下：

① 确认操作员一栏无误后，输入口令，并键入回车确认。交互区域变化，"确认遥信名"一栏被激活。

② 输入确认遥信名，一般为开关号，键入回车确认。

③ 交互区域变化，操作状态被激活。

④ 选择操作状态后，点击 **遥控预置** 按钮，进入遥控预置阶段，系统弹出提示窗口。

⑤ 若反校未成功，则提示预置失败；若反校成功，则提示预置成功。

⑥ 点击"遥控执行"按钮，执行遥控。

（7）遥控闭锁。

选择该菜单，系统将封闭开关的遥控功能，同时该开关的遥信状态将被置"遥控闭锁"。

（8）遥控解闭锁。

选择该菜单，针对"遥控闭锁"，解除遥控闭锁，恢复开关的遥控功能。未被遥控闭锁的开关，该菜单项被隐去。

（9）抑制告警。

选择该菜单项后，该开关的告警信息将不出现在告警窗中，但可以通过告警查询查到。

（10）恢复告警。

选择该菜单，将解除开关的"抑制告警"设置，开关的告警信息重新进入告警窗。未被抑制告警的开关，该菜单项被隐去。

（11）开关信息。

选择该菜单项，将弹出开关信息模板，模板中显示所选开关设备的基本信息。

（12）前置信息。

选择该菜单项，将弹出开关的前置相关信息窗口，显示所选开关设备的前置基本信息（如厂号、点号等）。

（13）今日变位：选择该菜单项，弹出该开关今日变位查询结果窗口，若无变位，则告警内容为空。

3. 刀闸和变压器

由于篇幅有限，该内容可以按照上述方法，点击相应设备进行一系列的操作。

三、遥测量操作

在厂站接线图中，选中遥测量动态数据，点击右键，弹出右键菜单，如图5-1-21所示。

图 5-1-21　遥测量操作

1. 参数检索

选择该菜单项,可以查看遥测量的基本参数。具体操作方式同母线参数检索操作方式。若该遥测量被定义需要越限监视,则参数窗口中除基本参数外还会有监视限值的信息;若该遥测量被定义点多源替代,则参数窗口中除基本参数外还会有多源替代基本信息;若该遥测量为线路,有对端设备,则参数窗口中除基本参数外还会有对端线端基本信息。

2. 遥测封锁

选择该菜单项,弹出遥测封锁对话框,在对话框中输入封锁值以及备注(备注部分为可选项,根据调度员习惯,可以空缺),点击"确定"按钮,将当前设备的遥测值固定为输入的封锁值,直到"解除封锁"为止。

快捷操作方式:遥测封锁操作也可以不通过菜单操作,可以直接双击遥测量,系统即会弹出遥测封锁的操作界面,供调度员操作。

3. 解除封锁

选择该菜单项,解除当前遥测量的封锁状态。若当前遥测量未被置封锁,则该菜单项被隐去。

快捷操作方式:解除封锁操作也可以不通过菜单操作,可以直接双击已被遥测封锁的遥测量,系统即会弹出是否解除封锁的提示框,供调度员操作。

4. 遥测置数

选择该菜单项，弹出遥测量置数对话框，在对话框中输入"置入值"，点击"确认"按钮，将当前设备的遥测值设为输入值，当有变化数据或全数据上送后，置数状态及所置数据即被刷新。

5. 数据多源

当所操作遥测量已被定义数据点多源时，该菜单项有效，否则该菜单项被隐去。选择该菜单项，系统弹出多源数据界面，调度员可以自该多源处理窗口中看到该遥测量当前的多源替代情况，通常情况下点多源替代均为自动替代，由系统自动判定数据情况，如调度员想人为设定，则只需要将界面中"类别"一栏选为"人工"，然后根据列出的数据源选择"当前源"，人为指定。最后点击"确定"即可。

6. 历史数据信息

选择该菜单项，将弹出遥测量信息模板，模板中显示所选刀闸设备的基本信息。

7. 前置信息

选择该菜单项，将弹出遥测量的前置相关信息窗口，显示所选遥测量的前置基本信息（如厂号、点号等）。

8. 遥测越限

选择该菜单项，弹出该遥测量今日越限的告警查询结果窗口。若该遥测量未越限监视或无越限告警，则告警内容为空。

9. 今日曲线

选择该菜单项，系统即启动曲线浏览器，显示所选遥测量的今日曲线。若该遥测量已被定义采样，则有曲线显示，显示内容为当天的0点至当前的所定义采样周期的曲线。

10. 实时曲线

选择该菜单项，系统即启动曲线浏览器，显示所选遥测量的当前实时曲线。若该遥测量已被定义采样，则有曲线显示，显示内容为从调显时刻开始所定义采样周期的曲线，实时更新。

11. 曲线合并

如果已经打开了一个曲线浏览器显示某遥测量的今日曲线，可以通过点击该菜单项实现多条曲线的查看。选择某一遥测量选中"曲线合并"菜单项，则在原曲线浏览器中显示该条遥测量曲线，与原遥测量曲线共用一个坐标系。

12. 曲线右合并

当两个遥测量的值差别较大，又要放在一起看时，用"曲线合并"就不是很直观了，此时可以使用"曲线右合并"菜单项。操作方法与"曲线合并"相同，所选遥测量曲线的纵坐标在坐标系右侧，而原遥测量曲线的坐标在左侧，方便调度员对比察看。

13. 对比曲线

当调度员需要将某个遥测量的今日曲线与昨日曲线进行比对，则可以使用该菜单项。选择该菜单项后，弹出曲线浏览器，显示所选遥测量的今日与昨日曲线。

知识点四　告警客户端

告警客户端是系统提供给调度人员监视的告警窗，作为实时监视的主要窗口。

一、告警窗口的打开

告警窗口的打开一般有两种方式：一是在系统成功启动后脚本自动启动告警窗口；另一种则是从总控台下拉菜单启动，如图 5-1-22 所示，点击"告警窗"菜单即可。

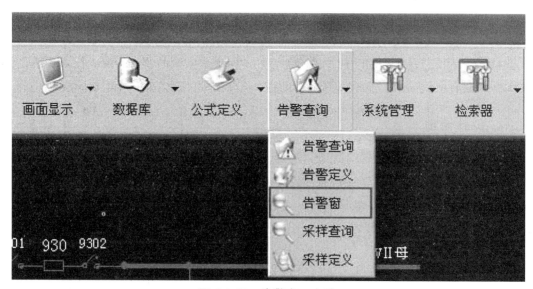

图 5-1-22　告警窗口启动

二、调度版告警窗介绍

告警窗的样式按调度和集控分为两种，这里介绍调度版的告警窗，其样式如图 5-1-23 所示。

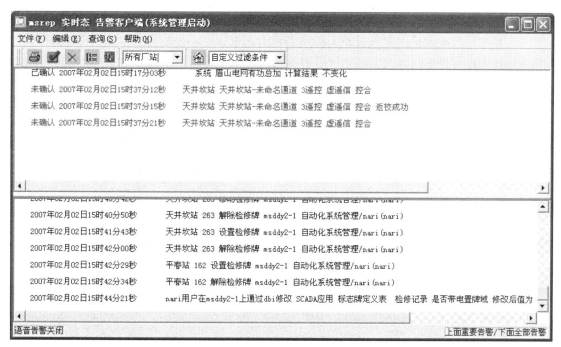

图 5-1-23　调度版告警窗

【实训项目】

1. OPEN3000 系统认知。

2. 利用 OPEN3000 系统编写倒闸卡片并模拟倒闸作业。

3. 事故告警处理。

项目二　调度端设备维护

知识点一　日常维护

远动设备属于精密电子设备，对运行适用环境条件要求比较高，需要规范化的日常维护管理。设备维护也应遵循各用户手册规定的程序和方法。

一、日常维护内容

（1）做好调度所室内环境卫生及设备外表清洁，每天对机器外表进行擦拭。

（2）定期（一般1个季度）进行机内吸尘。

（3）随时检查通信设备是否完好，保证风道畅通。

（4）随时检查电源指示及各设备工作状态是否正常。

（5）经常检查设备间连线、电源线，确保没有脱落和虚接。

二、日常维护注意事项

（1）严禁带电插拔所有设备间的接口线，以免损坏接口电路元件。

（2）严禁用手触摸印刷电路板上的芯片，以防静电感应引起芯片损坏。

（3）当检修某一设备时，应先记录故障情况，再切换到备用设备，切断故障设备电源。如果故障原因不明或无太大恢复把握，不要轻易拆卸设备，应咨询有关部门，以免扩大事故范围甚至损坏设备。

（4）不要随意搬动设备，防止振动和撞击。

（5）防水、防电，注意人身安全。

知识点二　电源系统的维护

除一般日常维护和注意事项外，对UPS的维护做如下特别说明：

一、安全注意事项

UPS系统内有800 V的直流高压，任何需要打开机柜防护面板的服务只能由厂家认可的人员进行。

二、由用户进行的预防性维护

1. 日常观察

检查安装和工作情况：

（1）离墙壁的距离；

（2）通风进出口的通畅；

（3）工作温度，特别是电池的温度；

（4）其他异常现象。

2. 利用手动旁路

如果 UPS 出现故障，在售后服务人员到来之前，利用手动旁路还能保证给负载供电。

转手动旁路的步骤如下：

（1）停止或强迫停止逆变器；

（2）断开输入电源开关；

（3）断开电池开关；

（4）检查所有指示灯是否都熄灭；

（5）将"手动旁路"开关从"NORMAL"位置转到"BY-PASS"位置。

3. UPS 定期放电

为了延长电池的使用寿命，必须对 UPS 定期（一般为 3 个月）放电。放电方法是：将调度系统所有设备电源全部打开上电，全部负载都由 UPS 供电（总负载为 UPS 额定负载的 60% ~ 70% 较好）。在配电屏上关掉进线开关，断开外部电源，由 UPS 电池直接供电。当报警声急促响时，放电即将结束，这时速将配电屏进线开关投上，引入外部电源，UPS 进入"浮充"状态，即 UPS 一边向负载供电，一边给电池充电。

知识点三　系统数据库维护

系统的报表记录储放在后台服务器数据库中，后台服务器数据库存储量大，会影响前台报表的查询速度，严重时会使系统崩溃，所以，数据库需定时转存到维护工作站，并在一定时间内刻录到可读写光盘上保存。一般 1 个月进行一次服务器到维护工作站的数据库转存。

【实训项目】

按周期对调度端设备进行整体维护。

项目三　被控端设备维护

一、运行方式

正常情况下，为了使调度端实时掌握设备运行工况，智能监控装置应处于运行状态。有人值班的变配电所监控开关的控制方式位置会因各单位的设备运行要求而有所不同，有的要求正常在远方位，有的要求正常在当地位。

无人值班变配电所，无论是电磁保护还是综合自动化系统，都要将开关的控制方式置远方位，并保证智能监控装置及所有保护模块运行正常，以保证调度端的远程操作和实时监视。

二、定值整定

变配电所智能监控装置除越限报警定值、录波定值、上传数据阈值外，主要是保护定值的整定。

电磁保护变配电所保护功能是由二次回路的电压、电流、中间、时间等继电器通过逻辑组合实现的，对保护定值的整定是对电压、电流、时间继电器的启动元件进行整定，并经试验校准，一般不能进行远程整定。

综合自动化系统的变配电所保护功能的实现是由微机保护模块完成的，所有的电压、电流时间定值存储于保护模块内，需要通过装置的人机界面，在一定的权限要求下，进行输入和修改，并经试验校准。

三、日常巡视、保养及维护

1. 日常巡视

在交接班时和在要求的巡视时间间隔对变配电所智能监控装置进行巡视，主要有以下内容：对智能监控装置进行外观巡视，检查各接线端子接续是否良好，有无发热、有无异味；检查二次回路元件及电压、电流互感器运行是否正常；检查监控设备的状态及电压、电流等显示是否正常；检查智能监控装置各模块运行指示灯是否正常；检查监控装置各模块与主控模块的通信是否正常；检查通信管理机、调制解调器等通信设备的运行情况，随时监视变配电所智能监控装置与后台主机、远动主控站的通信是否正常；检查 GPS 运行是否正常，与系统通信是否正常；及时查看并确认各种报警信息、事件记录，分析产生的原因并及时处理。

2. 保养及维护

变配电所智能监控装置一般均属免维护产品。保养时只需清扫、紧固端子操作。当装置发生故障须更换时，应关闭电源，用专门的工具操作。更换端子板时，应注意：交流采样输入端子板上电流不能开路，电压不能短路；机箱内的各个印制板上多是静电敏感器件，打开机箱时必须佩戴接地良好的防静电手环。

定期对保护模块的功能和定值的准确性进行检验，一般一年一次。

四、故障处理

根据铁路供电系统运行的特殊要求，一旦自动化系统发生故障，必须及时迅速排除，使之尽快恢复正常运行，要求维护检修人员应掌握一些基本的故障分析及检查方法。故障处理的一般原则如下：

（1）因变配电所智能监控装置程序出错、死机及其他异常情况产生的软故障一般处理方法是"重新启动"。若监控装置的单一应用功能出现软故障，可重新启动该应用程序；若某台计算机完全死机（操作系统软件故障等情况），必须重新启动该计算机并重新执行监控应用程序；若监控网络在传输数据时由于数据堵塞造成通信死机，必须重新启动传输数据的集线器或交换机；任何情况下发现监控应用程序异常，都可在满足必需的监视、控制能力的前提下，重新启动异常计算机。

（2）两台监控后台正常运行时，以主/备机方式互为热备用，当发生两台主机同时抢主机而无法运行时，应人为将备用机器退出运行，待主用机启动并运行为主机正常后，再启动备用机器。

（3）某测控单元通信网络发生故障时，监控后台不能对其进行操作，此时如有调度的操作命令，值守人员应到保护小间进行当地手动操作，同时立即汇报调度通知专业人员进行检查处理。

（4）微机监控系统中发生设备故障不能恢复时，应将该设备从监控网络中退出，并汇报调度部门。

（5）当通信中断时，应判断通信中断是由保护装置异常引起的，还是由站内网络异常引起的，若装置通信中断是由计算机网络异常引起的，处理时不得对该保护装置进行断电复位。

【实训项目】

变电所监控装置硬件维护。

项目四　常见故障的分析与处理

随着远动技术的发展，变电所不再局限于远动系统的运行，更多的是采用综合自动化系统。因此，本项目以综合自动化系统常见的故障来进行说明。

变电所综合自动化系统常见的故障按照专业技术分为监控系统和保护系统两大类，鉴于断路器操作回路在二次系统中的重要作用，也将其单分为一类叙述。当然，在实际工作中，这种分类界限是模糊的，在变电所综合自动化系统中，各专业分工互相交叉和渗透，甚至有些装置本身就是监控、保护、操作回路合一的。快速诊断出系统的故障点及故障原因并及时采取合理的处理措施，对提高系统的可用性、保证变电所一次设备的安全稳定运行的重要性不言而喻。同时，对常见故障的深入了解，有助于我们采取针对性措施预防同类故障再次发生。

知识点一　故障的处理原则

（1）某测控装置通信网络发生故障时，监控后台不能对其进行操作，此时如有调度的操作命令，运行人员应在测控屏进行就地手动操作。同时，立即汇报相关部门通知专业人员进行检查处理。

（2）微机监控系统中发生设备故障不能恢复时，应将该设备从监控网络中退出，并汇报相关部门。

（3）双机系统需要对监控主机或服务器进行处理时，需要先处理一套设备，确认运行正常后再处理另一套。

（4）任何情况下发现监控应用程序异常，都可在满足必需的监视、控制能力的前提下，重新启动异常计算机。

（5）两台监控后台正常运行时，以主/备机方式互为热备用，"当地监控 1"作为主机运行时，应在切换柜中将操作开关置于"当地监控 1"，这样遥控操作定义在"当地监控 1"上，"当地监控 2"（备用机）上就不能进行遥控操作。当"当地监控 1"发生故障时，"当地监控 2"自动升为主机，同时应在切换柜中将操作开关置于"当地监控 2"。

知识点二　故障的查找方法

电力系统有连续性、安全性，以及无人值班站的运行要求，一旦自动化系统发生故障，须及时迅速排除，使之尽快恢复正常运行。变电所综合自动化系统是一个综合系统，维护人员要准确及时地处理系统出现的故障，首先，要能明确判断出故障原因，其次，才是消除故障，这就涉及人员技术素质问题。作为技术人员，应了解每一部分发生故障后给整个系统带来的后果，利用系统工程的相关性和综合性原理分析判断自动化系统的故障。此外，应熟悉各种芯片的功能以及相应引脚的电平、波形等相关技术参数；再者就是工作人员的经验，当运行设备出现故障时，能够及时处理和消除故障。当然，有些故障比较明显，仅从表面现象看就不难判断出故障所在。然而，作为集成度较高的 IED（智能电子设备）装置，故障原因大多不明显，这就需要掌握一些故障处理的方法和技术。IED 装置在运行过程中，会出现各种不同的故障，故障的检查和判定归纳起来一般有测量法、排除法、替换法、跟踪法、理论分析法、综合法等。

1. 测量法

这种方法比较简单、直接，针对故障现象，一般能够判断故障所在，借助一些测量工具，能进一步确定故障的原因，有助于分析和解决故障。例如，调度端的显示器上同步传输的 A 变电所报故障。打电话到 A 变电所，得知当地显示正常，于是可以怀疑主站端的调制解调器有问题，在远动机房 A 变电所信号的调制解调器端子上用示波器测量模拟信号输入波形完好，在调制解调器的时钟输出端测不到时钟方波，表明调制解调器无时钟输出，主站 RTU 解释不出 A 变电所数据，所以报故障。更换 A 调制解调器，故障消除。

2. 排除法

排除法是常见的发现问题确定问题的方法，可以快速找到问题的大致范围，单元采用的一般是背插式设计，而且插件的通用性强，排除法解决或查找问题就非常实用和方便。在多数情况下，我们不能很好地判断 IED 装置故障的原因在哪一方面，用排除法可以确定故障所在的部分，然后具体进行检查并排除。由于自动化系统比较复杂，它涉及变电所一、二次设备，远动终端，传输通道，计算机系统。应从各个部分之间的联系点分段分析，缩小故障范围，快速准确地判断出是自动化设备还是相关的其他设备故障。例如，某 IED 装置不能正常工作，对断路器遥控时，主站断路器信号不变位。应首先与站内值守人员核对断路器实际是否动作，若动作，则为遥信拒动，检查测控装置遥信处理及信号电缆；若断路器未动作，应令站内操作断路器动作，若不动作，则故障原因在站内断路器控制回路及断路器机构；若站内操作正常，则为自动化系统故障，应认真检查通道及测控装置各功能板、执行继电器等相关部分。例如，对断路器进行遥控操作时位置信号不变问题：如操作员在对某台断路器进行遥控操作时，屏幕显示遥控返校正确但始终未能反映该断路器变位。对于这种情况，可先利用系统分析法，先检查该断路器在当地操作合分闸时其位置触点是否正确，如果断路器无论在合闸或分闸时，其位置触点状态始终不变，则证明问题出在位置触点上，而系统无问题，可以排除；如位置触点状态始终正确且相关电缆完好，则可以认为问题出在遥信方面，其他可以排除。此例是对于自动化系统中自动化设备与相关设备以及自动化设备内部的排除判断法。排除法也不能绝对化，因为事情也可能存在"此"和"彼"同时发生，这就需要多积累经验。

3. 电源检查法

一般来说，运用一段时间以后的自动化系统已进入稳定期，设备本身发生故障的情况会比较少，但往往又产生了设备故障。遇到这种情况，首先应检查电源电压是否正常，如有熔断器熔断、线路板接触不良等，都会造成工作电源不正常，因而导致设备故障。

4. 替换法

在现场无法确定故障的原因，使用替换法更换那些可疑的芯片，有助于诊断故障的所在，排除故障原因，但这种方法需要工作人员了解各种芯片在电路中所起的作用，才能更换，否则也只能是盲目地更换，从而延长故障处理的时间，并不能找出故障的真正原因。例如，远动终端开机后，显示提示正常，但是自恢复电路不断地更新重启，装置不能进入正常工作，或是工作的时间不长又重新启动，根据这一现象进行分析：开机后出现提示符说明总线系统正常，原因可能在中断信息相关的器件上，用替换法更换一些相关的芯片，以便查出故障的原因；此时最简单的方法就是将中断部分相关的芯片全部都换掉，若机器恢复正常运行，则确定该故障就出在这部分。这时可以用更换下来的芯片去替换那些正常的芯片，当某芯片换回时故障又出现，则确定故障就是出在这个芯片上。这种做法，有利于迅速排除故障恢复测控正常运行，同时也可以降低芯片不必要的浪费。

5. 跟踪法

跟踪法顾名思义就是监测特定信号的流程，查找到信号的异常位置从而找出问题。自动化系统是靠数据通信来完成其功能的，而数据通信是看不见、摸不着的，但可以借助示波器、毫伏表等设备检查出来。通过示波器、毫伏表追踪信号是否正常，也是判断故障点的一种有效方法。跟踪法的应用，要求对信号的物理过程有一定的了解。例如，某单元查出一路开量没有的原因是继电器插件的问题，解决问题的方法是：要会看继电器板的原理图或控制回路的原理图。先用延伸板将继电器插件延伸出来，利用单元的调试选单/信道测试/开出信道对有问题的一路开出量不断分合，使用万用表跟踪观察对应继电器线圈有无带电，触点有无分合等。最后一路跟踪到某继电器，虽然它的线圈正常带电，分合正确，但是有一路触点闭合不良。

6. 理论分析法

理论分析法就是利用有关的理论知识直接得出可能的结论。系统作为相互作用要素的组合体，它具有集合性、相关性、综合性、目的性、适应性和优化功能等特征。系统的构成要素和要素的功能、要素间的相互作用要服从系统总的目标和要求，服从系统的综合性功能。为此，首先应对自动化系统有一个清晰的了解：系统由哪些子系统组成，每个子系统作用原理如何，每个子系统由哪些主要设备组成，每台设备的功用如何等。利用系统工程的相关性和综合性原理，分析判断自动化系统的故障。理论分析法实际上是一种逻辑推断法。如果知道了系统中某设备的功用，就会知道如果该设备失效，将会给系统带来什么后果；那么反过来，就可以判断系统发生什么样的故障就可能是哪台（哪些）设备的原因。例如，某改造站，断路器使用老式的电磁式开关。现场单元的手动分合、遥控分合完全正常，保护跳闸出口正常，保护合闸却不正常，现象是单元发出了命令，继电器板也动作正确，断路器有时候可以合上，但是大多数时候合不上。处理上述问题时，更换了插件后现象不变，说明不是插件的问题；手合手分也正常，则说明现场的断路器也是好的。那么问题只能是现场的断路器和装置的配合上存在问题，注意现场使用的是电磁式机构，电磁式机构的特点是合闸电流大，动作慢。分析遥控合闸可以成功，而保护合闸大部分不能成功，最有可能的原因是合闸继电器不能保持或遥控和保护合闸程序对相应遥控和保护合闸电器的保持延时不一样。检查发现，现场线圈的电阻都达到 $400\,\Omega$ 以上，则通过的电流小。因为现场的线圈没有条件更换，只能重新设置继电器的电流大小。

7. 综合法

综合法即是把测量法、排除法和替换法统一起来进行分析处理故障。这种方法对一些比较复杂的故障，能及时准确地找出故障的原因并排除掉。例如，A 变电所某遥信在合位，但调度端显示时分时合。到达现场发现当地遥信显示也是该现象。首先用万用表测量该遥信输入端子，发现有稳定的 +24 V 电压输入，说明与外部回路无关，排除外部的干扰，那么久可能是遥信板故障。很容易想到可能是该遥信输入回路中的光耦损坏，替换掉该光耦，现象不变，排除掉光耦后，考虑会不会是遥信采集芯片有问题等。

知识点三　主控站常见故障

主控站设备常见的故障主要有以下几种：

一、主控站与被控站通信故障

对于 Polling 方式通信规约，主控站发送次数（一般为 3 次）报文，子站若没有应答或应答错误，即认为通信失败。此时应分段检查各部分设备是否正常，首先检查主控站报文发送是否正常，若没有报文发送，说明是主控站问题；若报文发送正常，而被控站没有回应，则说明主控站设备正常，故障可能在通道或被控站设备上；对于采用串口连接的通道，可将被控站设备甩掉，将通道直接做环路，判断主控站发送的报文是否可以返回主控站，从而判断通道是否正常，也可利用通信测试仪表来判断；当通道判断正常后，被控站智能监控装置就是通信故障的故障点。

二、主控站遥控无法下达

此时首先判断通信和被控站智能监控装置是否正常，可先利用试验遥控进行判断，若判断遥控正常，则主控站设备、通信和被控站智能监控装置的遥控回路正常；再分段判断是开关的问题还是控制电缆的问题，可采用分段分接点的方法，将故障范围缩小。

三、遥测没有或不准确

现场实际测量（使用标准表），确定实际值。检查主控站设定的变比是否正确；检查采样输出是否正确；检查压互、流互的精度是否满足要求等。

四、遥信显示不正确

检查主控站的对象配置是否正确；检查主控站是否收到了遥信；检查开关的辅助接点是否到位。可采用分段测试的方法进行判断。对于综合自动化新系统，也可以用调度主站后台和当地后台信息核对的方法进行判断。

五、主站服务器或工作站与系统不同步

先检查网线连接是否紧密；对不同步的机器进行重新启动；检查机器的通信程序是否运行等。

六、系统时钟不正确

检查 GPS 运行是否正常；检查系统对时程序运行是否正常。

七、打印机无法打印

检查打印机本身是否正常；检查网络连接是否正确；检查打印驱动安装是否正确。

八、报警音响没有输出

检查音响是否良好；检查音响连接是否正确；检查机器中音响的配置情况。

知识点四 被控端常见故障诊断与处理

监控系统的主要任务包括开关量信号采集、脉冲量信号采集、模拟量采集、控制命令的发出、调节命令的发出，以及这些信号或命令的远方传送等，下面就这些方面阐述常见故障的分析要点。

一、遥信故障诊断与处理

遥信采集与传送过程的各环节如图 5-4-1 所示。

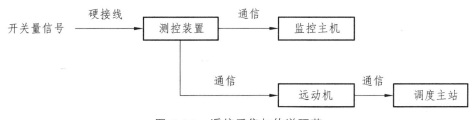

图 5-4-1 遥信采集与传送环节

遥信故障多表现为信号采集不到、信号位置相反或时有时无等。通常在测控装置遥信输入端子上对该遥信输入采用回路短接法、回路断开法进行遥信分合模拟试验。如测控装置反应正确，可诊断为遥信二次回路故障。如测控装置不反应，一般为测控装置故障。如测控装置反应正确，而监控后台反应不正确，则可能是网络故障或监控后台故障。确定了开关量信号的故障位置后，可对相应环节可能引起遥信故障的原因进行分析排查。

1. 二次回路遥信故障排查

（1）在测控装置输入端子处检查遥信电源是否正常、电缆及接线是否正确、接线是否紧固、接触是否良好；如果是相邻的多个信号没有位置，应检查遥信开入的负电源是否正常。

（2）在遥信采集处（如保护屏、断路器端子箱等），用电位检测法检查遥信回路电位是否正常。

电位异常：故障原因一般为电缆错误、芯线错误、电缆断线或电缆绝缘不良等，应根据具体情况进行相应处理。

电位正常：在遥信采集端子上对该遥信输出回路采用回路短接法、回路断开法进行遥信分合模拟试验，如测控装置反应正确，可诊断为遥信输出故障（如遥信接点拒动、断路器辅助接点不到位等），应根据具体情况进行相应处理。如测控装置反应不正确，可诊断为接线错误，应认真核对遥信回路两端电缆编号、电缆芯线、回路号等。

2. 测控装置遥信故障排查

（1）检查检修压板是否投入，如压板误投，可能引起装置信息无法正确上传到监控后台。

（2）检查测控装置遥信电源是否正常。

（3）检查测控装置遥信防抖时间是否设置过长。

（4）检查测控装置对应遥信的类型设置是否正确，如将普通遥信开入定义成挡位遥信等，会导致后台显示的遥信不正确。

（5）检查遥信输入板相关跳线是否正确。

（6）在排除外围电源、接线、软件设置不当的可能性后，若装置本身仍不能正确反映外部信号位置，则可推断装置硬件出现问题，需更换相应的开入插件。

3. 监控后台遥信故障排查

（1）画面关联错误。监控界面上的遥信图元和实时数据库中定义的遥信不对应，导致画面上看到的遥信和实际不一致。

（2）实时数据库配置错误。实时数据库上配置的遥信和测控装置实际遥信输入不对应；其他遥信参数配置错误，如遥信取反、遥信封锁参数置位。

（3）单/双输入设置错误。双信号输入有利于提高信号的可信度并可以反映出设备的中间状态。例如，断路器常用动合/动断共两个辅助触点共同表示其位置，当动合触点闭合且动断触点断开时，表示断路器在合位，而动合触点断开且动断触点有问题，此时断路器位置不可信。手车位置信号与此类似。另外，若手车的试验位置辅助触点与工作位置辅助触点都未闭合，则说明手车在检修位置。一般可用作双信号输入的两个输入端也可当作两个普通信号输入使用，调试中要注意此类信号的输入在装置相应的输入端的设置。有关单/双信号输入属性的设置不只在采集中有，在通信前置机转发库或人机对话机（后台机）信息库中都可能有相应项目，调试中应注意逐点核对。

（4）虚遥信错误。为了实现特定的功能，变电所综合自动化系统中常会使用虚遥信，如电流遥测越限信号、事故总信号等，前者由监控系统根据测量值的大小自动做出判断，满足条件时发出一个信号；后者则由全站某些开关量信号经"或"门合成。虚信号出现错误时，要根据虚遥信的形成机制，对虚遥信形成的各个环节进行排查。

二、遥测故障诊断与处理

遥测的采集和传送的各环节如图 5-4-2 所示。

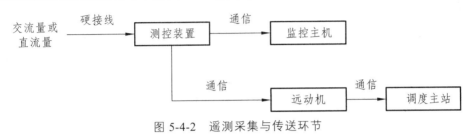

图 5-4-2　遥测采集与传送环节

变电所综合自动化系统中遥测的采集既有交流采样，也有直流采样。通过交流采样测量的模拟量通常包括电流、电压、有功、无功、视在功率及功率因素等，通过直流采样的模拟量通常包括温度、直流电源电压等。直流采样是通过变送器及直流采样装置实现的。

遥测故障的诊断。首先应检查并确认测控装置遥测输入端子上连接片及接线接触良好、紧固，不存在开路现象。可用万用表、钳形表等工具对输入量进行测量（或在采取相应安全措施后，用综合自动化测试仪对测控装置进行加量），如电流、电压输入值与测控装置采样值一致，可诊断为遥测二次回路故障。如测控装置采样值和输入值不一致，则可诊断为测控装置故障。如测控装置显示正常，而监控后台显示不正确，则可诊断为监控后台故障。

1. 二次回路遥测故障排查

（1）如测控装置显示电压、电流遥测值正确，有无功遥测值异常，应为电压或电流输入相序错误，应用相序表确认电压、电流相序并检查输入端子内外线接线是否正确，根据具体情况进行调整。

（2）如测控装置遥测输入端子处测得电压、电流值异常，应在二次电压、电流采集处（如公用测控屏、断路器端子箱等处），首先检查并确认电压、电流输出端子上连接片及接线接触良好、紧固，不存在开路现象，然后用万用表、钳形表等工具对二次电压、电流进行测量。

电压、电流测量值异常：应为一次设备故障，应请相关班组进行处理。

电压、电流测量值正常：故障原因一般为电缆错误、芯线错误、电缆断线或电缆绝缘不良，应根据具体情况进行相应处理。

2. 测控装置遥测故障排查

（1）遥测不准，可以先通过校准方法进行处理，如调整零漂和刻度等。

（2）精度校准后仍不正确或遥测值差异较大，则检查遥测相关的参数设置是否正确。如TA额定电流、TV额定电压、是否两倍上送等；直流信号检查信号类型（如直流电流、直流电压）、量程等相关参数配置是否正确。

（3）直流插件检查板件上的跳线是否正确，通常直流插件通过跳线可以测量对不同的信号源进行测量（如直流电压、直流电流信号）；如果跳线正确，则检查相应的参数配置是否正确。

（4）上述方法仍然不能解决的，更换相应板件。

3. 监控后台遥测故障排查

（1）测控后台显示异常，检查画面上对应测点的数据源关联是否正确。

（2）检查实时数据库中，对应数据的相关参数配置是否正确，如变比系数、偏移量是否正确，数据是否置位，是否取绝对值，检查数据是否"屏蔽"等。

（3）检查后台数据库中对应装置的相应参数是否正确，如装置类型、地址等。

三、遥控故障诊断与处理

综合自动化系统中，断路器、隔离开关等设备的远方控制过程如图5-4-3所示。

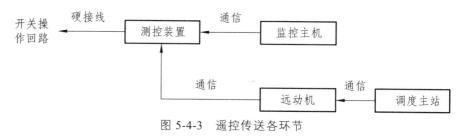

图 5-4-3　遥控传送各环节

遥控故障的诊断：检查测控装置的"操作报告"，如已收到后台遥控命令而没有出口报告，可诊断为测控装置异常；如未收到后台命令，则可诊断为监控后台或网络异常；如控制命令已发出，而一次设备没有动作，可诊断为遥控二次回路故障。

1. 遥控二次回路故障排查

（1）在测控装置遥控输出端子处检查遥控电位是否正常。

（2）电位异常：检查控制电源是否正常，回路两端电缆编号、电缆芯线、回路号、接入位置是否正确，接触是否良好。

（3）电位正常：在确认测控装置遥控输出回路接线位置无误后，用回路短接法分别对分、合闸回路进行短接，确认是否因分、合闸回路接反造成遥控拒动。如断路器依然拒动，到回路对侧的保护操作箱或断路器端子箱的遥控输入回路上进行短接试验。如断路器拒动，应为保护操作箱或断路器机构故障；如断路器正确动作，故障原因一般为接线错误。

2. 测控装置故障排查

（1）检查被操作设备的远方控制是否已闭锁，若远方控制闭锁，应将"远方/就地"选择转换开关切至"远方"。

（2）检查测控装置收到的监控后台的命令，如果已收到"遥控选择"命令，而未收到"遥控执行"命令，则检查测控装置同期相关设置是否正确、现场是否满足相应的同期条件。如果同期压板、参数正确，同期条件满足，则检查有无其他的闭锁条件或其他的闭锁逻辑是否满足，如确认测控装置的"出口保持时间"、装置的 PLC 逻辑等。

（3）如果测控装置已收到"遥控执行"命令，而"操作报告"中未显示"遥控执行"相关事项，检查测控装置同期相关设置是否正确、现场是否满足相应的同期条件。

（4）如果测控装置中"操作报告"显示"遥控已出口"，而实际出口接点未闭合，检查出口压板是否投入，如已投入，更换出口板。

3. 监控系统故障排查

（1）遥控选择不成功。检查通信是否正常，如通信正常，则检查监控后台相应装置的地址、装置类型等配置是否正确，"禁止遥控"等标记是否选上。

（2）检查画面上控制命令关联是否正确。

（3）检查五防应用程序及五防服务程序运行是否正常，必要时可重新启动五防计算机并重新执行五防程序。

四、远动装置故障诊断与处理

1. 远动装置与远方通信中断

诊断：用监控软件无法看到远动装置与远方通信的报文，一般为远动装置或通道故障。

处理方法如下：

（1）网络通道异常：① 检查网线水晶头制作工艺是否合格、接触是否良好，检查是否因通信通道链路异常引起；② 检查加密认证装置是否故障，可关掉加密认证装置电源，对加密认证装置进行旁路，检查网络是否恢复正常；③ 检查原远动机对应 IEC104 通道中的 IP 地址、子网掩码是否设置正确；④ 确认主站端 IP 地址、子网掩码是否设置正确；⑤ 确认对应板件上网卡是否正常，运行灯是否闪烁，如异常，则更换相应板件。

（2）模拟通道异常：①检查 MODEM 板上的跳线设置是否正确，MODEM 板上灯是否闪烁正常；②用通道自环的方法，检查主站下发报文是否能自环回主站端，以检查是否因模拟通道异常引起；③如自环法证明通道正常，则于主站端核对通信口设置的波特率、线路模式、数据位、停止位、奇偶校验等设置是否一致，IEC60870-5-101 规约还应核对链路地址、应用层地址等设置是否正确；④更换相应板件。

2. 主站端遥信异常

诊断：如监控后台遥信正常，而主站端遥信异常，一般为远动装置遥信转发设置或主站端遥信设置问题。

处理：检查远动机遥信相关参数设置是否正确，并与主站端核对转发遥信是否一致；如果是虚信号（如事故总等），则检查虚信号逻辑配置是否正确。

3. 主站端遥测异常

诊断：如监控后台遥测正常，而主站端遥测异常，一般为远动装置遥测转发设置或主站端遥测设置问题。

处理：① 远动机遥测相关参数设置是否正确，如用浮点数上送，应认真检查遥测系数是否正确；如用码值上送，主站端须核对遥测系数是否正确。② 与主站端核对转发遥测号是否一致。

4. 主站端遥控异常

诊断：如监控后台遥控正常，而主站端遥控异常，一般为远动装置遥控转发设置或主站端遥控设置问题。

处理：① 检查远动屏上的"禁止远方遥控"把手是否打在禁止位置、远动机上的"禁止远方遥控"开入是否为 1。②检查远动机遥控设置是否正确，并与主站端核对转发遥控号是否一致。

五、通信网络及其他智能设备异常处理

1. 通信网络异常的诊断与处理

（1）根据监控后台的"通信一览表"，确认已中断通信的是哪一个装置。

（2）检查各计算机的网卡是否运行正常。如网卡工作不正常，重新安装网卡驱动，如不能解决，则更换网卡。

（3）检查网线是否正常。如网线不正常，更换网线或重新压接水晶头。

（4）检查光缆是否正常。如光缆中断，则更换备用芯。

（5）检查光电转换器是否已损坏。如损坏，则更换备品。

（6）检查交换机是否正常，通过查看交换机指示灯确认对应间隔交换机工作情况。如交换机异常，重新启动交换机，如不能解决则考虑更换备品。

（7）检查中断通信的装置是否仍在运行状态，运行是否正常。

（8）检查监控机 IP 地址、子网掩码设置是否正确。

（9）检查监控及组态软件中对应间隔的通信参数配置是否正确。

（10）检查测控装置上 IP 地址、子网掩码及通信地址等通信相关的参数设置是否正确。

2. 其他职能设备通信异常处理

诊断：监控后台及主站端同时报与某智能装置通信异常，一般为智能装置接入规约转换器故障引起。

处理：①重启规约转换器，如有条件，直接重启智能装置；②检查规约转换器通信设置与智能装置的连接线。

六、GPS 故障诊断与处理

1. 天线故障

诊断：GPS 失步灯亮，可以诊断为天线故障。

处理方法如下：

（1）检查 GPS 天线接口处连接，查看连接是否正常。

（2）测量 GPS 天线阻抗是否正常，如不正常，则更换同轴电缆。

（3）检查 GPS 天线设置位置所能看到的天空面积尽量大。保证 GPS 安装位置可以同时接收到 4 颗卫星信号。

2. 接线故障或装置参数设置错误

诊断：GPS 装置正常，个别测控装置对时不正确。

处理方法如下：

（1）对于使用空接点或有源接点对时的测控装置，用电位检测法检查无源侧电位是否正常。

（2）如电位异常，故障原因一般为电缆错误、芯线错误、电缆断线或电缆绝缘不良，应根据具体情况进行相应处理。

（3）如果电位正常，检查测控装置的对时开入变位是否正常，装置对应的参数设置是否正确（例如，分、秒脉冲设置和实际收到的脉冲是否一致等）；检查 GPS 装置的参数设置是否正确。

（4）如果是 B 码对时，检查 B 码线，查看是否接触良好，并用万用表测量 B 码对时线是否接反。

3. 后台机相应设置问题

诊断：GPS 装置异常，后台机对时不正确。

处理方法：检查后台机相关对时参数设置是否正确，如对时源、对时规约等。

【思考题】

1. 综合自动化系统有哪些常见的故障？
2. 综合自动化系统故障的处理原则有哪些？
3. 综合自动化系统在出现故障时，如何正确判断出故障？

【实训项目】

1. 调度端故障诊断。
2. 被控端故障诊断。

参考文献

[1]　崔嘉，罗茂松，高翔. 网络技术基础[M]. 北京：光明日报出版社，2017.

[2]　（美）Joe Casad. TCP/IP 入门经典[M]. 5 版.井中月，龚亚萍，译. 北京：人民邮电出版社，2016.

[3]　潘雪峰，刘智珺，周方，等. 计算机组成原理[M]. 北京：理工大学出版社，2016.

[4]　（美）Bernard Sklar. 数字通信——基础与应用[M]. 2 版. 徐平平，宋铁成，叶芝慧，等，译. 北京：电子工业出版社，2015.

[5]　张慧坤，庄鑫. 微机远动技术项目教程[M]. 北京：中国铁道出版社，2018.

[6]　柯志敏. 微机远动监控技术[M]. 北京：北京交通大学出版社，2012.

[7]　陈奇志. 铁路供电调度自动化与信息化[M]. 北京：中国铁道出版社，2013.

[8]　薛博文. 变电所综合自动化系统调试与维护[M]. 北京：北京邮电大学出版社，2014.

[9]　福建省电力有限公司组. 变电站综合自动化系统实用技术[M]. 北京：中国电力出版社，2013.

[10]　马东堂. 通信原理[M]. 北京：高等教育出版社，2018.

[11]　冯玉珉，郭宇春. 通信系统原理[M]. 北京：清华大学出版社，北京交通大学出版社，2011.

[12]　杨波，周亚宁. 大话通信——通信基础知识读本[M]. 北京：人民邮电出版社，2009.

[13]　武永红，陈刚. 变电所综合自动化技术[M]. 成都：西南交通大学出版社，2018.

[14]　丁书文. 电力系统微机型自动装置[M]. 北京：中国电力出版社，2005.

[15]　张明光. 电力系统远动及调度自动化[M]. 北京：中国电力出版社，2010.

[16]　丁书文. 电力系统远动原理及应用[M]. 北京：化学工业出版社，2009.

[17]　中国铁路总公司. 高速铁路供电远动技术[M]. 北京：中国铁道出版社，2014.

[18]　徐慧敏. 铁路供电远动系统的运行与维护[M]. 北京：中国铁道出版社，2010.

[19]　曹阳. 铁路电力远动技术[M]. 成都：西南交通大学出版社，2015.

[20]　钱清泉. 电气化铁道微机监控技术[M]. 北京：中国铁道出版社，2000.